墨香财经学术文库

"十二五"辽宁省重点图书出版规划项目

A Study on

Financial Power Structure of China

我国财政权力结构研究

丁兆君 ◎ 著

东北财经大学出版社
Dongbei University of Finance & Economics Press　　大连

图书在版编目（CIP）数据

我国财政权力结构研究 / 丁兆君著. —大连：东北财经大学出版社，2017.12
（墨香财经学术文库）

ISBN 978-7-5654-2545-5

Ⅰ．我… Ⅱ．丁… Ⅲ．财政－权力结构－研究－中国 Ⅳ．F812

中国版本图书馆CIP数据核字（2017）第302723号

东北财经大学出版社出版发行

　　大连市黑石礁尖山街217号　邮政编码　116025

　　网　　址：http：//www.dufep.cn

　　读者信箱：dufep @ dufe.edu.cn

大连永盛印业有限公司印刷

幅面尺寸：170mm×240mm　字数：186千字　印张：13　插页：1
2017年12月第1版　　　　2017年12月第1次印刷
责任编辑：李　彬　刘　佳　　责任校对：那　欣　徐　群
封面设计：冀贵收　　　　　　版式设计：钟福建
定价：36.00元

前 言

　　财政体制是国家在财政管理中，划分各级政府之间以及国家与企业、事业单位之间的职责、权力和相应利益的制度。财政体制的建立是一个涉及历史、政治、经济、文化、社会等各方面因素，并对一国的经济发展、社会安定、国家统一起到重要作用的大问题。从财政社会学的角度来看，财政权力是政治系统与社会其他子系统，主要是与经济系统之间相互交换的媒介，财政权力的配置规则体现为一种财政权力结构。我国三十年的财政体制改革就见证了社会子系统之间通过"权力"进行交换，进而构建新的社会系统的过程。在经历了"放权让利"的不断摸索和尝试后，1994年我国建立了以"分税制"为基础的财政体制，在新税制的基础上形成了中央与省两级政府之间相对稳定的税收收入分配方案，有效提高了"两个比重"。但目前我国的财政权力结构并不符合市场经济下财政权力结构合法性及有效性的要求，对政府权力与市场权力以及政府间财政权力的界定始终缺乏法律层面的依据，致使各级政府财政权力的行使呈现出一定的随意性及不规范性：政府拥有大量介入市场经济的权力，国有经济的大规模以及多领域分布，使得政府与市场之间的关系还未得到妥善处理；各级政府间的财政支出权力始终没有一个明确的划分，大量的财政支出被推向更低一级的政府；地方政府没有获得相对独立的一级财政权力主体地位，几乎没有税收立法权，也无发债权，再加上转移支付制度的不完善，致使地方政府通常会利用非规范权力寻求财政资金以解决地方性事务；目前的政府预算无法涵盖各级政府全部的财政收支行为，政府财政权力的行使以及财政资金的使用缺乏有效监督，造成浪费及使用效率的低下。可以说，1994 年的"分税制"仅仅是对政府间税收收入的一种分配，并没有真正触及财政权力的重新配置，因此，很难形成与市场经济相适应的一种稳定的财政权力结构。

之所以从经济社会学的一个分支——财政社会学的角度对财政体制问题进行研究，是因为大多数真正的问题并非可以轻易地按学术性质归类。"经济利益研究方式"使得经济学能够向纵深发展，但对于现实社会问题的解释能力却受到了很大的限制。相对于主流经济学对财政体制问题的分析，财政社会学是用社会学的传统分析政府财政行为，并试图用社会学的传统解释各种财政现象。从财政社会学角度对财政体制问题进行研究，将经济学中的经济利益分析方法与社会学中的社会关系分析方法相结合，从以权力为基本因素的社会关系入手，构建财政权力结构这一概念及研究思路，是对以往主流经济学中财政体制问题研究的一种突破。跳出纯经济学的研究范式，可以从更广阔的视角划分国家权力与社会权利、协调各种利益分配和利益冲突、提高政府自我整合能力以及促进政治系统与其他社会子系统的配合。鉴于社会学独特的知识模式，要根据不同性质的研究对象以及不同的研究角度采用不同的研究方法。本书尝试在归纳推理和演绎推理有机结合的"假设演绎法"的逻辑过程中，采用利益分析与社会关系分析相结合、动态（历史）与静态分析相结合、实证与规范分析相结合的研究方法对我国财政权力结构问题进行研究。在对财政权力结构的基本界定中，本书从财政社会学的基本议题出发，以经济社会学主要取向——结构功能主义的理论为基础，大胆运用分析、综合、抽象、具体等方法，阐释财政权力结构的基本内涵以及相关理论。对西方成熟市场经济下的财政权力结构采取了静态分析的方法，从经济学的角度，论述了财政权力结构构建的依据；对我国财政权力结构的分析则采用了动态（历史）分析的方法，回顾了其在社会"危机"推动下的演化路径，并运用实证与规范相结合的研究方法，对我国现行财政权力结构的有效性及地方政府财政权力进行了分析。最后，通过与成熟市场经济下财政权力结构的一般性相比较，并结合我国财政权力结构的特殊性，提出优化我国财政权力结构的方案。

本书共包括 7 章内容，第 1 章为本书的导论，第 2 章到第 7 章是本书的主体内容。第 2 章是对财政社会学视角下的财政权力结构的基本界定。在阐明财政权力概念的基础上，根据经济社会学中的主要研究取向——结构功能主义，对财政权力结构进行了明确的界定，并提出了有效的财政权力结构的含义。同时，借助生产函数构建了一个财政权力结构的演化路径模型，揭示了由此产生的不同的社会发展绩效。最后，结合建立在现代市场经济基础上的社会形态，提出了与之相适应的财政权力结构的合法性及有效性标准。第 3 章借鉴经济学的财政联邦主义理论，提出了市场经济下财政权力结构的构建依据，为之后对我国财政权力结构的分析以及优化提供了经济学理论视角下的标准模式。第 4 章阐述的是我国财政权力结构的理论基础及演化路径。我国财政权力结构构建的理论依据是中国特有的"国家分配论"以及财政体制原则论。在这种理论的指导以及社会"危机"的推动下，我国财政权力结构的演化经历了 U 形组织结构下的统收统支模式、M 形组织结构下的包干制模式以及 U 形与 M 形相结合结构下的分税制模式。第 5 章对我国现行财政权力结构有效性缺失进行了分析。参照市场经济下财政权力结构构建的依据，认为我国现行财政权力结构有效性的缺失主要表现在：财政权力与市场权力界定不清；政府间财政支出权力未明确划分致使政府间分工不规范；财政收入权力集中造成地方政府收入与支出的不匹配；现行转移支付制度未对财政权力结构起到协调作用。第 6 章进一步对我国地方政府财政权力进行了分析，并得出结论：我国现行财政权力结构有效性缺失的根本原因在于，政府间财政权力没有得到明确规范的界定，地方政府无法作为相对独立的一级财政权力主体履行其职能。第 7 章提出市场经济下优化我国财政权力结构的设想。优化我国财政权力结构的目标就是赋予地方政府相对独立的一级财政权力主体地位，以法律的形式规范地方政府财政权力的行使，地方政府可以在其权力范围内对地区性公共事务的变化作出相应的调整。优化我国现有财政权力结构必须按照正确的逻辑顺序进行：在市场经济体制不断深化的过程中，通过限制并规范政府对生产经营性资源的控制及配置权力，转变政府职能的实现方式、发展市场和社会中介组织，对政府财政权力与市场权力的边界作进一步划分；在此基础上，明确各级政府的财政支出权力，重点是要明确并落实中央的财政支出权力（避免再出现中央支出权力下移的情况）。依据对各级政府财政支出权力的划分，赋予地方政府必要的税收权力，并针对我国现阶段地方政府在经济建设中发挥的重要作用，规范其投融资权力。以地方财力均衡化、基本公共服务均衡化为目标，完善我国现行转移支付制度，并根据两个均衡化目标的实现情况以及相关配套条件，调整一般性转移支付与专项转移支付的比重。最后，本书强调了优化我国财政权力结构不可忽视的两个问题：一是我国政府复式预算间的契合，硬化各级政府的财政预算约束；二是健全我国的地方财政民主制度。

本书的创新之一在于采用了 20 世纪 70 年代在西方学术界复兴的财政社会学的研究视角。以利益分析与社会关系分析相结合的研究方法，将财政体制问题置于宏观社会历史发展的大背景中，强调从政治、经济、制度和文化等连接国家与社会的因素，来综合研究政府财政收支行为的产生、发展以及财政权力的演变过程及其对政治、经济和社会等各方面的影响。综合运用公共经济学、经济学、新政治经济学、财政学、政治学等方面的相关理论和概念，试图从一个更为广阔的视角对财政体制这一问题进行研究。本书的创新之二在于借鉴经济社会学中的主要取向——结构功能主义理论，大胆引申出财政权力结构这一概念，并将其作为社会系统中的一个子系统，进而探讨财政权力结构与社会发展绩效之间的相互作用。根据结构功能主义的相关理论，本书认为一个合法且有效的财政权力结构是一种能够促使各财政权力主体应对不确定性，发挥其能动性，同时又为整体目标服务的"虚拟秩序"或"制度"。在这种"秩序"或"制度"下，权力作为社会各子系统相互交换的媒介，才能发挥其应有的作用。因此，根据市场经济下财政权力结构合法性和有效性的特质，优化我国财政权力结构的目标就是建立各级政府相对独立的一级财政权力主体地位，明确市场与政府、各级政府间权力的划分，并逐步以法律的形式对此种"制度"进行确定。本书的创新之三在于注重对我国财政权力结构特有理论基础——"国家分配论"及"原则论"的研究，并结合工业组织理论中的 U 形及 M 形组织结构，描述了我国财政权力结构从"统收统支"模式、"包干制"模式到"分税制"模式的演化路径。

作　者
2017 年 9 月

目录

1 导论

财政体制是国家在财政管理中，划分各级政府之间以及国家与企业、事业单位之间的职责、权力和相应利益的制度[1]。财政社会学（Finanzsoziologie）作为经济社会学的一个分支，以利益分析和社会关系分析相结合的方法，为分析财政体制这一涉及历史、政治、经济、文化、社会等各方面因素，并对一国的经济发展、社会安定、国家统一起到重要作用的大问题提供了更为广阔的视角。我国这样一个有着几千年习俗经济[2]传统的大国，正经历着向市场经济的转型期，这种传统与现代的接轨和碰撞，引发了一系列巨大的变化。财政体制作为政府与市场之间、政府与社会成员之间以及各级政府间权力分配的载体，本质上体现了社会系统下的一种财政权力结构。这种财政权力结构既根植于又服务于整个社会系统。"财政体制是规范中央和地方政府间财政分配关系的制度安排。健全财政体制，既是推动城乡区域协调发展、促进科学发展的重要体制保障，也是完善公共财政体系和社会主义市场经济体制的

① 中国大百科全书编辑部. 中国大百科全书：财政税收金融价格卷 [M]. 北京：中国大百科全书出版社，1993.
② 希克斯 Y. 经济史理论 [M]. 厉以平，译. 北京：商务印书馆，2007.

客观需要。"（谢旭人，2012），因此，财政权力结构的优化必然成为我国改革发展的重要途径。

1.1 选题背景及研究意义

1.1.1 选题背景

党的十八大系统总结了党的十六大、十七大以来我国发展取得的历史性成就和宝贵经验，对我国改革开放和社会主义现代化建设作出了全面部署，明确提出了"加快改革财税体制，健全中央和地方财力与事权相匹配的体制"的要求。正如前世界银行副行长尼古拉斯·斯特恩所指出的，所有幅员辽阔的大国都面临一个相同的问题，即必须在经济增长和机会均等之间、在农村和城市需求之间、在中央和地方参与之间寻求平衡。而这种"平衡"对于转型期的中国来说，在很大程度上取决于财政权力的配置，"财政分配管理体制体现国家意志，以国家为主体，对分配绩效起着决定性作用"（鲁昕，1996）。建国近七十年以来，财政体制问题一直是我国经济社会发展中的一个大问题，它受一国历史传统、发展水平、政权结构等多方面的制约，并且直接关系到国家的盛衰兴亡，可谓"惊心动魄"。而财政体制改革一开始就是以分权作为宏观层面的突破口来运作的（贾康，2013）。

回顾我国的改革历程可以看出，财政体制改革不仅是经济体制改革的重要组成部分，而且是关键性的突破口，"财政权力结构的调整调动了各经济行为主体的积极性，也解决了长期以来束缚生产力发展、抑制生产力活力的利益问题"（鲁昕，1996），始终为整体改革的稳步推进"铺路搭桥"。中华人民共和国成立初期，对于结束了自1840年以来的百年战乱建立起来的中华人民共和国，无论是经济制度、政治制度还是与之相关的一系列理论和政策都无根基所寻，而急需作出一个"主观选择"。由于各种历史原因和现实原因，中华人民共和国的建立和发展一直以马克思主义为指导，"国家拥有了全部生产资料，就出现了全面国家计划体制（Socialism）"（穆雷·罗斯巴德，1972）。国家与社会的一元化，使整个社会的权力关系都纳入到了国家各种体制的控制范围之内，各级地方政府在中央政府的统一领导下，对社会资源的配置进行计划及核算，建立了"大一统"高度集中的财政权力结构。尽管以国家为决策主体的计划经济在1949年后，对集中全国资源搞建设，建立工业化体系起到了决定性的作用，但实践的发展证明，"对于现代化的工业经济来说，计划是完全无法进行核算的"，"在全面计划的国家里，国家一项行为的低效率，都会被放大成千倍"（穆雷·罗斯巴德，1972）。因此，在遭受了国家计划经济的低效率后，我国选择了以市场为主体的资源配置方式，而这种资源配置方式的转变首先就要求国家将其掌握的财政权力进行释放。因为从计划经济中"能够真正放出的权，主要是财政上的管理权，能够真正让出的利，主要是财政在国民收入分配格局中所占的份额"（高培勇，2005）。因此，变革财政权力结构，进行"放权让利"成为我国经济社会改革发展的突破口。

通过"放权让利"的途径，我国财政权力结构的调整经历了不断摸索和尝试的过程。1994年建立的以"分税制"为基础的财政体制，重新调整了"包干制"下中央与地方（主要是中央与省）的财政权力分配格局，在新税制的基础上形成了中央与省两级政府之间相对稳定的税收收入分配方案，有效提高了"两个比重"。各省也依照分税制财政体制的要求，相应实行了省对省以下地方政府的分税制财政体制。在之后对各级政府财政支出范围、税收收入、转移支付制度进行局部调整的基础上，形成了我国目前的财政权力结构。但目前我国的财政权力结构并不符合市场经济下财政权力结构合法性及有效性的要求，对政府权力与市场权力以及政府间财政权力的界定始终缺乏法律层面的依据，致使各级政府财政权力的行使呈现出一定的随意性及不规范性：政府拥有大量介入市场经济的权力，国有经济的大规模以及多领域分布，使得政府与市场之间的关系还未得到妥善的处理；各级政府间的财政支出权力始终没有得到明确的划分，大量的财政支出被推向更低一级的政府；而地方政府没有获得相对独立的一级财政权力主体资格，几乎没有税收立法权，也无完全独立的发债权，再加上转移支付制度的不完善，致使地方政府通常会利用非规范权力寻求财政资金以解决地方性事务；在多次改革之后，政府预算涵盖范围逐渐扩大，政府财政收支行为相对规范，但部分收支仍游离在人大的审议和监督之外，造成政府财政权力一定程度的滥用以及财政资金使用效率低下。可以说，以 1994 年的"分税制"改革为基础形成的财政体制仅仅是对政府间税收收入的一种分配，并没有真正触及财政权力的重新配置，因此，很难形成与市场经济相适应的一种稳定的财政权力结构。这也正是党的十八大在提出加快财税体制改革时，强调"坚持财政体制改革的市场化取向"的重要原因。

1.1.2　研究意义

对于社会性问题而言，学科的分立有其优点，也有其弊端。优点在于不同的学科从不同的角度，对社会性问题可以进行比较深入的研究，其弊端在于这种某一角度的深入研究往往缺乏历史性和学科的综合性。"因为大多数真正的问题并非可以轻易地按学术性质归类"（Richard Swedberg，1990），因而无法对整个经济社会的发展作出有力的并符合现实的说明。财政社会学是经济社会学的一个分析视角，也可以视为经济社会学的一个分支，主要议题是国家如何生产和消耗其资源以及国家如何指导经济的。相对于主流经济学对财政体制问题的分析，财政社会学是用社会学的传统分析政府财政行为，并试图用社会学的传统解释各种财政现象。

按照著名社会学家安东尼·吉登斯的看法，经济学处理的是"一个情境下，在控制和引导互动模式中对物质特征、人工制品以及物品的使用"问题，而将其中"控制和引导互动模式的组织能力"作为研究问题的前提假设。如果单纯从经济学资源配置的角度来看，我国政府财政行为有效性的缺失表现在：在市场经济条件下，政府职能范围超出了理论上公共产品的范畴，政府对市场的过度介入影响了市场配置资源的效率；各级政府的事权未按照公共产品的层次性进行划分，各级政府的财力与事权不匹配，致使公共产品的提供无法得到有效的保证；政府间转移支付制度的不健全致使各地的基本公共服务水平存在很大的差异，并未有效缓解由于自然禀赋以及经济社会发展程度所造成的地区间、城乡间、社会成员间的巨大差距。这种"受限制型的经济利益分析"只能为市场经济下财政体制的建立提供理论上的效率标准，但对于其所处的社会系统中的相关关系缺乏必要的解释。事实上，一国的社会性质、政权结构、历史沿革甚至社会成员的信仰都是财政体制建立的影响因素，甚至是决定因素。例如，同是市场经济条件下的单一制和联邦制国家的财政体制，其集分权的程度就大大不同；同是单一制的不同国家又会因历史沿革、社会习俗的不同，建立不同的财政体制。

"经济利益研究方式"使得经济学能够向纵深发展，但对于现实社会问题的解释能力却受到了很大的局限。因为"尽管利益驱使人们的行为，但是社会要素却决定了这些行为所采取的方式和方向"（Richard Swedberg，2005）。正如马克斯·韦伯关于利益最著名的论断，"不仅观念，而且还有物质精神利益直接支配人们的行为。然而，由'观念'创建的'世界图像'通常决定着轨迹，沿着这一轨迹，行为被利益的动力所推动"。这种轨迹是指一些非经济制度，是经济学研究资源配置的前提条件，没有这些制度，任何现代经济都不可能存在，其中最重要的就是政治权威和法律系统。财政问题作为"国家的神经"（Jean Bodin，1986），是政治权威中的重要问题，并非是单纯的"经济利益分析"所能解决的。因此，从财政社会学角度对财政体制问题进行研究，将经济学中的经济利益分析方法与社会学中的社会关系分析方法相结合，从以权力为主要因素的社会关系入手，构建财政权力结构这一概念及研究思路，是对以往主流经济学中财政体制问题研究的一种突破。跳出纯经济学的研究范式，可以从更广阔的视角划分国家权力与社会权利、协调各种利益分配和利益冲突、提高政府自我整合能力，从而促进政治系统与其他社会子系统的配合。

1.2 不同视角下的财政体制研究综述

1.2.1 财政社会学视角下财政体制的研究综述

财政社会学是经济社会学的一个分支，即用社会学的方法分析财政在经济生活中的作用。财政社会学包括两个基本议题：一个是国家收入的产生以及支出;另一个是这两个过程对政治权威、经济以及社会其他方面的影响,但其关注的内容远远不止于此。

熊彼特认为,财政社会学使得分析家们深入到国家的表面之下,接近一系列重要的"除去修饰的"社会和经济现象。根据熊彼特的观点,如果不考察一个国家的财政史,就不可能很好地理解这个国家的历史和文化,对于社会结构与经济的重要方面如工业革命和国家的经济政策来说,情况也是一样。国家作为最高的政治权力机构,一直对市场经济进行不同程度的控制和调节,任何国家都要强制地利用公共权力,对经济社会生活进行干预,而这种干预很大程度上是通过政府的财政收支行为实现的。国家的收入可以通过不同的方式产生,其中最重要的是税收、关税、贡赋和国债,这些资金的产生是如何组织的对政治权威、经济以及社会其他方面具有重大影响。而国家的支出具有不同的目的——战争、社会福利等,很明显这些目的同样具有重要的影响。

尽管韦伯没有使用财政社会学这一术语,但是他的研究揭示了历史上政治统治组织如何获得财政支持以及对经济与社会的影响。韦伯对财政社会学的研究主要集中在《经济与社会》一书中,韦伯认为"非经济组织(包括国家)与经济'最直接'的联系可以从对这些组织的支付方式上体现"(马克斯·韦伯,2006)。国家最常见的融资方式就是税收和礼拜仪式(与特权相关的义务),融资方式在很大程度上影响其组织结构与经济。同时,韦伯还总结了三种国家统治类型所采取的不同融资方式以及财政支出形式。其中,当国家缺少自己的企业时,通常会通过税收来融资,这种类型的现代资本主义国家也就是熊彼特所说的税收国家。

因此,从财政社会学的角度理解,财政体制是国家为了实现与其权力相对应的财政收入最大化并保持其合法性,通过对其收入来源和征收形式、支出结构等规则的划定对社会权力在政府与市场、中央政府与地方政府、不同利益集团人群之间进行的一种制度安排,从而决定了不同社会主体的权力,实现对不同社会主体基本地位、权利、责任和义务的规定和认可。简而言之,财政体制是"权力的制度性调配"载体,体现了不同国家统治类型中权力界定的规则,形成一种财政权力结构。在这种定义之下，财政体制成为一国基础性制度安排或"立宪性"制度安排，社会其他各项制度的安排都直接或间接的受到财政体制的影响。按照帕森斯结构功能主义的观点对财政体制做进一步的解释，即经济与政治这两个社会子系统之间存在着一种输入输出的交换关系，政府通过财政手段对经济生产的控制方式和程度取决于当时社会系统的目标。如果社会系统处于安定的时期，则政府对经济的干预较少，更多的社会权力集中在市场领域；如果社会系统处于紧张时期，则政府对经济的控制会明显加强，政府通过相应的权力对这种干预予以保证。尽管财政社会学还没有形成一个比较成熟的理论框架，但正是财政社会学的研究方法和分析框架的历史性以及综合性，才能够从更广阔的视角来看待财政体制这一大问题。

1.2.2 经济学公共财政视角下财政体制的研究综述

不同于财政社会学的广义利益分析方法，经济学用"经济利益"，甚至用效用和偏好等术语来取代利益，经济利益成为独立的、全知的、利益最大化的经济行动者的决策依据。正是在这种"效用分析"的基础上，经济学的公共财政传统为市场经济下财政体制问题的研究提供了一个"受限制型的利益分析"方法。

由于主流经济学是建立在现代市场经济基础之上的，政府与市场的边界比较明晰，经济系统与政治系统之间的交换渠道相对稳定，因此，经济学公共财政视角下的财政体制问题关注的重点是各级政府间权力的划分及其对经济社会的影响。市场经济下的财政体制相关理论在西方的财政理论中被称为财政联邦主义（Fiscal Federalism），由于其核心内容是建立在提供地方公共产品的财政自主权上的，是多层级政府间财政权力的划分，因此又被统称为财政分权理论。《新帕尔格雷夫经济学大词典》对财政分权理论作出了如下解释："财政分权理论作为公共产品理论的一个重要分支，利用公共产品、税收和公债影响的理论、政治过程的公共选择理论等各种观点，对单一制和联邦制国家中产生的具体财政问题进行分析。"从这一解释可以看出，财政分权理论是以公共产品理论以及公共选择理论作为理论基础，弥补新古典经济学不能解释地方政府客观存在这一缺陷而提出的，兼具经济学和新政治经济学的研究视角及研究方法，创立的与市场经济体制以及多层级政府结构相适应的处理中央与地方财政关系的公共财政体制理论。

在新古典经济学的分析框架内，假设财政支出都是由中央政府来控制的，"由于无法迫使所有的双重身份者表明自己对公共产品的真实偏好，因此所需提供的公共产品数量和相应的收益税就无法确定"（Richard A. Musgrave，1939），马斯格雷夫（Musgrave）和萨缪尔森（Samuelson）一致认为，在公共产品的支出水平上就不存在"市场解"。但事实上，"有些政府服务并不一定由联邦政府提供，如警察、消防、教育、卫生和法院，这类产品和服务中有许多是由地方政府来提供的"[①]（Charles M. Tiebout，1956），公共产品层次性的特点，使得根据不同的受益范围由不同层级的政府提供公共产品成为可能。美国经济学家乔治·施蒂格勒（George Stigler）在 1957 年发表的《地方政府功能的有理范围》中对为什么需要地方政府这一基本问题作了公理性解释：其一，与中央政府相比，地方政府更接近于自己的民众，地方政府比中央政府更加了解它所管辖的公民的效用与需求；其二，一国国内不同的民众有权对不同种类和不同数量的公共服务进行投票表决，不同地区的居民应有权选择自己需要的公共服务的种类和数量。奥茨（Wallace E. Oates，1972）在《财政联邦主义》一书中，提出了"财政分权定理"，"让地方政府将一个帕累托有效的产出量提供给它们各自的选民，总是要比由中央政府向全体选民提供任何特定的并且一致的产出量有效得多"。奥茨（Wallace E. Oates，1999）在后续的研究中对"分权定理"建立在偏好差异和中央政府等份供给公共产品的假定作出了进一步的说明。美国学者特里希（Richard W. Tresch，1981）则是从信息不完备和不确定性的角度，提出了"偏好误识"[②]理论，质疑中央政府对社会福利函数的了解，以此论证财政分权的合理性。

---

①　蒂布特于 1956 年在《政治经济学刊》发表了著名论文《一个关于地方支出的纯理论》，但遗憾的是其思想直到 20 世纪末才得到理论界的重视，蒂布特本人也未发表过任何检验自己猜想的经验论文。

②　诺贝尔经济学奖得主哈耶克（Friedrich Hayek，2000）认为，任何人都不可能获得所有关于其他人需求的完备知识，在某些特定的问题上，最终的判断只能依靠个人的自由选择，所以不能依靠一个集权的中央政府来处理社会经济事务，必须把决策权赋予那些最熟悉特定情况的行为人。这些分析为"偏好误识"理论和财政分权提供了认识论基础。

马斯格雷夫（Richard A. Musgrave，1959）从财政的三个主要职能——配置、分配与稳定出发，来分析中央与地方政府存在的合理性与必要性。他认为由于公共产品的受益范围不同，造成了不同的公共产品由不同的政府单位来提供。同时，他也指出了中央政府存在的必要性，因为中央政府对于全国性公共产品的提供及分配职能是不可少的，而且相对于地方政府来说更有效。正如施蒂格勒（George Stigler，1957）在强调地方政府存在的重要性的同时，并没有完全否定中央政府的作用。他指出，行政级别较高的政府对于实现资源配置的有效性和分配的公平性目标来说，也许是必要的。尤其是，对于解决分配上的不平等和地方政府之间的竞争与摩擦这类问题，中央一级政府是一种适当的政府。

1.2.3 新政治经济学视角下财政体制的研究综述

20 世界 60 年代以来，经济学家以及政治学家们开始将经济学理论的逻辑应用于分析政治行为，试图"内生化"（Endogenize）国家，也就是现在所说的以公共选择理论为代表的新政治经济学流派。政治经济学（Political Economy）与政治的经济社会学（Economic Sociology of Politics）在某些方面相似，主要关注的都是经济与政治之间的关系，但不同的是，新政治经济学继续沿用了经济学的研究分析方式。而且，从社会学的观点来看，公共选择理论"有那么一点模糊"，人们很难找到对公共选择理论几个主要命题的经验性支持，在现实决策中，意识形态与情感还有政治行动者所处的社会结构对于公共选择的结果都会产生十分重要的影响（关于公共选择理论的调查研究参见 Levine，1991；Udehn，1996）。

虽然如此，公共选择理论仍然产生了具有启发意义的观点和概念。在财政联邦制理论中，实行政府间的财政分权，有助于资源配置效率的改善，但其隐含着一个前提假设：政府是一个全能政府，会创造出一个公正的社会，控制着集体利益的代表——国家公务员，只遵循公共利益行事，别无他求。公共选择理论对此假设提出了挑战，沿用"经济人"范式，把政治舞台模拟成一个经济学意义上的市场，"把人们用以检查市场经济的缺陷和不足的方法，完全不变地用来研究国家和公共经济的一切部门"（James M. Buchanan，1972）。公共选择理论要解决的核心问题是如何把个人偏好转化为社会决策的机制或程序的选择，这些机制或程序，通过直接方式（全民投票）或者指定代表的间接方式，显示公民对公共产品的数量和质量的偏好，提高公共产品配置的效率。但在对这类实证分析的经验研究中，经济学家们发现，现实中存在的任何一种公共选择方式，其最终的决策都很难体现公共利益的最优化。阿罗不可能性定理证明，只要超过三种以上的备选方案，就不存在一种可靠的机制将具有完备性与传递性的个人偏好转换为符合民主制度要求的社会偏好。针对"用手投票"公共选择的弊端，蒂布特（Charles M. Tiebout，1956）认为，"通过选择社区，居民可以显示出自己的偏好，社区间的竞争就类似于厂商间为了消费者而展开的竞争，对于地方公共产品而言，也可以实现资源的有效配置，达到帕累托最优"，因此，"对于地方公共产品而言，决定有效率水平的机制可以不通过投票箱的选举，而通过社区间的'用脚投票'"。蒂布特理论对地方公共产品的有效供给提出了一个不同以往的崭新思路，在一系列的前提假设满足的情况下，地方公共产品的供给也同样可利用市场机制达到均衡。同时，蒂布特理论在一定程度上填补了投票机制的公共选择理论的空缺，引进了"退出"机制。因此，在"退出"的威胁下，地方政府要尽力满足当地居民对公共产品的偏好，当然前提是所管辖地区的社会成员拥有相应的决策权力。

1.3 研究框架与主要内容

为了合理安排本书的论证次序，本书分为包括导论在内的 7 章内容（如图 1-1 所示）。

第 1 章导论主要涉及本书的选题背景及从财政社会学视角对财政体制问题进行研究的意义；在财政社会学、经济学、新政治经济学的不同视角下对财政体制问题的研究综述；本书研究的框架与主要内容；本书的研究方法、创新与不足等内容。

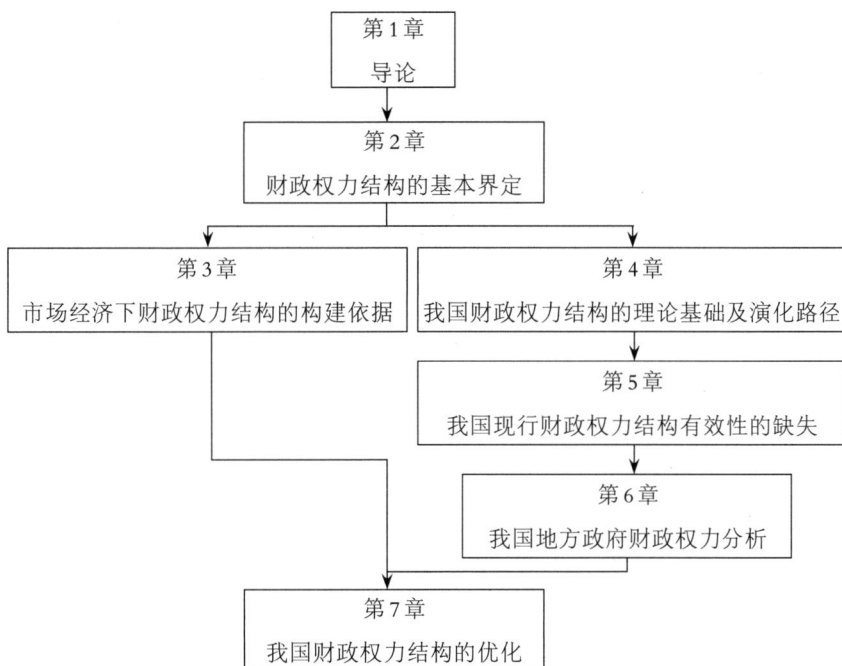

图 1-1 本书的框架结构图

第 2 章对财政社会学视角下的财政权力结构及相关问题作出了基本界定和说明。在阐明财政权力概念的基础上，根据经济社会学中的主要研究取向——结构功能主义，本章对财政权力结构进行了明确的界定，并阐述了有效的财政权力结构的含义。同时，借助生产函数构建一个财政权力结构的演化路径模型，揭示了不同经济社会形态下，财政权力结构所约束的权力范围，以及由此产生的不同的社会发展绩效。最后，结合建立在现代市场经济基础上的社会形态，提出了与之相适应的财政权力结构的合法性及有效性标准。

第 3 章借鉴经济学的财政联邦主义理论，提出了市场经济下财政权力结构的构建依据，为之后对我国财政权力结构的分析以及优化提供了经济学理论视角下的标准模式。根据财政联邦制理论，市场经济下财政权力结构的构建，是以地方居民对公共产品的偏好选择为核心，以地方政府自主提供地方性公共产品为重点，来划分政府间财政支出权力的，并按照各级政府的支出权力进一步划分政府间的收入权力；对收入和支出权力不相匹配的部分，上级政府通过转移支付的方式对财政缺口进行一定程度的弥补，同时上级政府还拥有对外部性问题的解决以及政府间财政均衡协调权力等。

第4章阐述的是我国财政权力结构的理论基础及演化路径。不同于西方市场经济的自发形成以及社会权力的划分过程，我国建立了与曼瑟·奥尔森所称的"所有者国家"（owner-sate）相类似的财政权力结构。也正是在这种财政权力结构的基础上，形成了与其相适应的中国特有的"国家分配论"以及财政权力结构构建的原则论。在这种理论的指导以及社会"危机"的推动下，我国财政权力结构的演化经历了U形组织结构下的统收统支模式、M形组织结构下的包干制模式以及U形与M形相结合组织结构下的分税制模式，计划经济下国家与社会权力的一元化逐渐向市场经济下的权力多元化转变。

第5章对我国现行财政权力结构有效性缺失进行了分析。参照市场经济下财政权力结构的构建依据，本章认为我国1994年分税制改革的主要着眼点在于市场权力主体资格的建立以及中央财政权力主体权力的加强；但是财政收入权力的上收与财政支出权力的下放使得地方政府必须在这种不均衡中自行运作，从而导致整个财政权力结构在与市场经济体制的配合、公共事业的投入以及政府间关系的稳定等方面所发挥的作用相对有限。其有效性的缺失主要表现在：财政权力与市场权力界定不清；政府间财政支出权力未明确划分致使政府间分工不规范；财政收入权力集中造成地方政府收入与支出的不匹配；现行转移支付制度未对财政权力结构起到协调作用。

第6章进一步对我国地方政府的财政权力进行了分析，并得出结论：我国现行财政权力结构有效性缺失的根本原因在于政府间财政权力没有得到明确规范的界定，地方政府无法作为相对独立的一级财政权力主体履行其职能。我国地方政府的财政权力缺少法律层面的依据，中央政府通过行政力量对地方政府的财政权力加以控制，显然不符合市场经济下财政权力结构的合法性要求。同时，既定的税收收入与无明确规定的支出权力，使得地方政府在现有的权力范围内无法有效承担辖区内的各项职能。地方政府不得不依据本辖区的行政权力，寻求大量地方自主性很强的财政权力，财政权力结构的有效性无法得到满足。

第 7 章提出市场经济下优化我国财政权力结构的设想。优化我国财政权力结构的目标是建立地方政府相对独立的一级财政权力主体地位，以法律的形式规范地方政府财政支出权力以及收入权力的行使，地方政府可以在其权力范围内对地区性公共事务的变化作出相应的调整。优化我国现有财政权力结构必须按照正确的逻辑顺序进行：在市场经济体制不断深化的过程中，通过限制并规范政府对生产经营性资源的控制及配置权力，转变政府职能的实现方式、发展市场和社会中介组织，对政府权力与市场权力的边界做进一步划分；在此基础上，明确各级政府的财政支出权力，重点是要明确并落实中央的财政支出权力（避免再出现中央财政支出权力下移的情况）。依据对各级政府财政支出权力的划分，赋予地方政府必要的税收权力，并针对我国现阶段地方政府在经济建设中发挥的重要作用，创新投融资管理体制，加快推广 PPP 模式。以地方财力均衡化、基本公共服务均衡化为目标，规范我国现行转移支付制度，并根据两个均衡化目标的实现情况以及相关配套条件，调整一般性转移支付与专项转移支付的比重。最后，强调了优化我国财政权力结构不可忽视的两个问题：一是增强我国政府复式预算间的契合；二是健全我国的地方政府财政民主制度。

1.4　研究方法、创新与不足

1.4.1　本书的研究方法

对于社会性问题而言，很难以完全用自然科学的尺度去衡量社会学的研究方法。社会学有其独特的知识模式，它需要根据不同性质的研究对象以及不同的研究角度采用不同的研究方法。本书尝试在归纳推理和演绎推理有机结合的"假设演绎法"的逻辑过程中（如图 1-2 所示），采用利益分析与社会关系分析相结合、动态（历史）与静态分析相结合、实证与规范分析相结合的研究方法对我国财政权力结构问题进行研究。

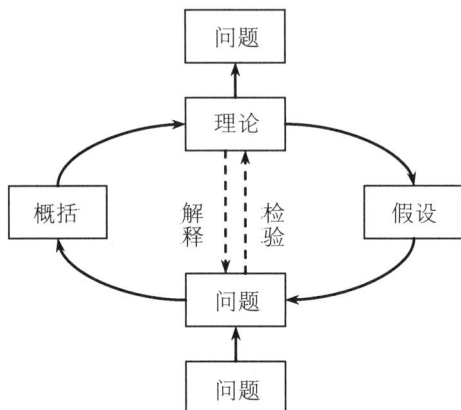

图 1-2 具体社会研究过程的逻辑图示

在对财政权力结构的基本界定中，本书从财政社会学的基本议题出发，以经济社会学主要取向——结构功能主义的理论为基础，大胆运用分析、综合、抽象、具体等方法，阐释财政权力结构的基本内涵以及相关理论。对西方成熟市场经济下的财政权力结构采取了静态分析的方法，从经济学的角度，论述了财政权力结构的构建依据；对我国财政权力结构的分析则采用了动态（历史）分析的方法，回顾了其在社会"危机"推动下的演化路径，并运用实证与规范相结合的研究方法，对我国现行财政权力结构有效性的缺失及我国地方政府财政权力进行了分析。最后，通过与成熟市场经济下财政权力结构的一般性相比较，并结合我国财政权力结构的特殊性，提出了优化我国财政权力结构的方案。

1.4.2 本书的创新与不足

本书的创新之一在于采用了 20 世纪 70 年代在西方学术界复兴的财政社会学的研究视角，以利益分析与社会关系分析相结合的研究方法，将财政体制问题置于宏观社会历史发展的大背景中，强调从政治、经济、制度和文化等连接国家与社会的因素，来综合研究政府财政收支行为的产生、发展以及财政权力结构的演变过程及其对政治、经济和社会等各方面的影响。本书综合运用公共经济学、经济学、新政治经济学、财政学、政治学等学科的相关概念和理论，试图从一个更为广阔的视角对财政体制这一问题进行研究。

　　本书的创新之二在于借鉴经济社会学中的主要取向——结构功能主义的理论，大胆引申出财政权力结构这一概念，并将其作为社会系统中的一个子系统，进而探讨财政权力结构与社会发展绩效之间的相互作用。根据结构功能主义的相关理论，本书认为一个合法且有效的财政权力结构是一种能够促使各财政权力主体应对不确定性，发挥其能动性，同时又为整体目标服务的"虚拟秩序"或"制度"。在这种"秩序"或"制度"下，权力作为社会各子系统相互交换的媒介，才能发挥其应有的作用。因此，根据市场经济下财政权力结构合法性和有效性的特质，优化我国财政权力结构的目标就是构建各级政府相对独立的一级财政权力主体地位，明确市场与政府、各级政府间权力的划分，并逐步以法律的形式对此种"制度"进行确定。

　　本书的创新之三在于注重对我国财政权力结构特有的理论基础——"国家分配论"及"原则论"的研究，并结合工业组织理论中的 U 形及 M 形组织结构，描述了我国财政权力结构从 U 形组织结构下的"统收统支"模式、M 形组织结构下的"包干制"模式到 U 形与 M 形相结合组织结构下的"分税制"模式的演化路径。

　　本书将以主流经济学视角对财政体制的研究扩展到财政社会学视角下，由结构功能主义相关理论引申出财政权力结构的概念及研究思路，这种以问题为导向的跨学科分析的尝试尽管提供了一个更为广阔的视角，但难免存在不同学科之间理论的契合问题，如何将各学科的相关理论融合到财政体制问题的研究中是在今后的研究工作中需要进一步完善的方向。

2 财政权力结构的基本界定

财政权力结构，是以财政社会学①的视角对财政体制的一种界定。坂人长太郎在《欧美财政思想史》中写道："从社会势力的角度来分析财政，力图建立国家财政规律的财政学，称为财政社会学（Finanzsoziologie）或社会财政学（Soziologishe Finanztheorie）。"财政社会学作为经济社会学的一个分支学科，继承了熊彼特（Schumpeter，1918）所倡导的历史研究和利益分析的学术传统，将国家财政置于宏观社会历史发展的大背景中，强调从政治、经济、制度和文化等方面连接国家与社会的因素，用社会学的方法分析国家财政的收支行为及其在经济生活中的作用，这也是财政社会学区别于其他学科的一个重要特征。尽管"在一个可接受的新财政社会学的方法论和分析框架产生之前，该领域近年来的发展只是构造性和临时性的"（M. Mclure，1996），但可

---

① 19 世纪的财政学文献表明，重商主义时期的财政学具有鲜明的学科综合化特征（Backhaus，2002）。但 20 世纪以后，随着学科分化的发展，财政学越来越技术化，忽视了财政与社会经济结构之间的有机联系。财政社会学是在批判财政学技术化和试图复兴财政学古典色彩的努力中出现的，它属于经济社会学范畴，并日益显示其重要性。财政社会学所倡导的一些思想具有强大的生命力，并且为我们解释世界提供了一个独特的视角，创立者"将财政社会学看成是一种宏观历史研究，包含并具体体现在对社会、经济和政治变化驱动力的研究之中"（Moore，2003）。

以肯定的是，财政社会学的研究方法和分析框架一定具有历史性和综合性的特征。

从权力结构这一概念的角度来看，财政体制是国家为了实现与其权力相对应的财政收入最大化并保证其合法性，通过对其收入来源和征收形式、支出结构等规则的划定对社会权力在政府与市场、中央政府与地方政府、不同利益集团人群之间进行的一种制度安排，从而决定了不同社会主体的权力，实现对不同社会主体基本地位、权利、责任和义务的规定和认可。简而言之，财政体制是"权力的制度性调配"载体，体现了对不同主体权力界定的规则，即一种权力结构。在这种定义之下，财政体制成为一国的基础性制度安排或"立宪性"制度安排。本章试图从财政社会学的研究视角对财政权力结构的内涵、财政权力结构与社会系统之间的相互作用以及市场经济下财政权力结构的特质进行界定。

2.1　财政权力与财政权力结构

财政权力是政府权力的一种，体现的是政府有效汲取资源和分配资源的能力。从结构功能主义的理论来看，"权力是实现社会系统目标的利益，使资源流通的一般能力"，而政府在对这种能力的控制方面是享有"特权"的。财政作为"国家的神经"，其权力的配置在很大程度上界定了政府与市场、各级政府之间的权力范围。而一个合法且有效的财政权力结构是指在特定的经济社会条件下，对财政权力以及相关的社会关系进行约束的制度，是一种促使各权力主体应对不确定性，发挥其能动性，但同时又为整体目标服务的"虚拟秩序"。

2.1.1　财政权力

"权力"一词在英语中的对应词是"power"①，其词源是拉丁文的"potestas"或"potentia"，二者都来源于拉丁文的动词"potere"，意指"能够（to be able）"。"potestas"指一个人或物影响他人或物的能力；

---

① 关于"power"的词源考略，可以参见邓正来主编的《布莱克维尔政治学百科全书》，中国政法大学出版社，1992年，第595页。

"potentia"则指人们能够通过协同一致的联系和行动所产生的团结力。从语义学上看，"power"的首要含义是指一种力量，即"能够作出某种行为的能力"；其次，它也是一种通过影响他人而取得一致行动，达到某种结果的能力。吉登斯（Anthony Giddens，1984）认为，"权力是实现某种结果的能力"；按照巴泽尔（2001）的定义，权力即"施加成本的能力"，或者说，它是个体或团体获得其想要的制度的能力。而汉语中对"权力"的解释，更侧重于某种力量制约他人的作用，如早期法家人物慎到指出："贤而屈于不肖者，权轻也。"在现代汉语中，"权力"一词通常意味着政治上的强制力量，或者一种职责范围内的支配力量①。也就是说，汉语中的"权力"主要指对他人的控制权，英文中的"权力"偏重于指对他人实施控制的"某种行为能力"。

简·伯丁（Jean Bodin）将财政手段视为国家的神经；熊彼特也认为，一个国家的财政代表了特权地位，即从财政就可以很好地分析一个国家的行为。财政权力是政府代表国家行使管理社会的一种权力，是政府"为统治社会实施其任务而取得、管理与使用必要的财产的能力"（宫泽俊义，1955），体现的是政府有效汲取资源和分配资源的能力。对于财政权力行使的具体形式，1911年英国《议会法》第1条规定："财政法案属于公法案，是平民院议长认为含有下列事项之法案，即赋税之征收、废除、豁免和调整；为偿还债款而征收赋税、靠统一基金或议会拨款支付其他各种财政开支，或对此开支之变更或撤销；有关供给；公共资金的拨款、提领、保管、签发或对账目的审核；公债之发行，担保或偿还；其他事项。"由此可见，财政权力一般是通过财政支出与财政收入两种形式实现的。而财政权力又可以相应地分：（1）为财政支出权力，即政府将筹集起来的财政资金进行分配使用，以满足不同时期经济建设和各项社会事务需要的权力；（2）财政收入权力，即政府参与社会产品的分配，取得财政收入的权力，是实现不同时期政府职能的财力保证。

---

① 中国社会科学院语言研究所辞典编辑室. 现代汉语词典（修订版）［M］. 北京：商务印书馆，1997.

2.1.2　由结构功能主义引申出的财政权力结构

结构功能主义是经济社会学中的一个主要研究取向，其基本原则是从 19 世纪占据统治地位的生物学发展起来的[①]。奥古斯特·孔德和赫伯特·斯宾塞提出了功能主义的最基本原则：将社会视作一个整体，它与生物有机体在许多方面是相似的。这一原则中包含了三个要点：社会与生物有机体一样都具有结构；与生物有机体一样，一个社会要想得以延续就必须满足自身的基本需要；与构成生物有机体的各个部分相似，社会系统中的各个部分也需要协调地发挥作用以维持社会的良性运行。因此，从结构功能主义的视角来看，社会是由在功能上满足整体需要从而维持社会稳定的各部分所构成的一个复杂的系统结构，是由多个子系统组成的大系统。

在这种复杂的系统结构中，尤其是社会新旧系统交替的过程中，必须发挥出"能够界定边界的能力"，而为了确定各种边界，社会系统必须运用其独有的沟通媒介——权力。卢曼将这种"权力"定义为"决定自己或他人的选择或降低复杂性的可能性"（Luhmann，1982）。因此，当一个社会单位为其他单位做行动选择时，权力就作为沟通媒介被应用。按照帕森斯的观点，经济与政治以及与其他社会子系统之间存在着一种输入输出的交换关系，而这种交换的媒介就是卢曼所称的"权力"，"权力恰恰是非人格的社会'结构'的产物，其产生和利用构成了任何社会系统的基本强制功能之一"（塔尔科特·帕森斯，1988）。政府通过公共政策对经济的各个方面进行干预，并通过国家权力对这种干预予以保证。如果社会系统处于安定的时期，则政治对经济的干预较少；如果社会系统处于紧张的时期，则政治对经济的控制会明显增加。

结构功能主义认为，财政权力是政治系统与其他社会子系统进行交换，将决策要素（贡献、命令和合法化价值）组合起来以增强系统转换能力的主要媒介；而财政权力结构是"权力的制度性调配载体"（安东

[①]　19 世纪，有关人体、微生物以及遍布全球的动植物的知识不断增长。其中，最伟大的成就就是查尔斯·达尔文吸收了这些新知识并以自然选择来解释物种进化，从而使生物学获得了空前的声望。被这些前进的步伐所激发的早期社会思想家自然地将生物学的一些概念运用到社会学中。

尼·吉登斯，1998）。财政收入权力的大小反映了政府的权力介入社会或市场的程度，因为财政收入在本质上是政府行使其依据的不同权力直接占有或分享经济成果。从静态分析的角度，按照政府财政权力介入社会或市场的程度，可将政府类型分为"看不见的手"模型（亚当·斯密，1972）、"扶持之手"模型（马斯格雷夫，1959；斯蒂格利茨，1989）和"掠夺之手"模型（诺斯，1994；奥尔森，2005；布伦南、布坎南，2004），即无为政府、有限政府以及全能政府三种政府权力模式。除"全能政府"模式外，可将其他政府模式下的财政权力结构视为社会权力结构中的一个组成部分；而"全能政府"由于控制了绝大部分的社会权力，其模式下的财政权力结构就几乎等同于社会权力结构。

需要强调的是，结构功能主义中的"结构"并非社会权力的某种"模式化"（Patterning），它也不等同于"某种有机体的骨骼系统或形态，或是某个建筑物的构架"；社会学视角下的结构是"转换性关系的某种'虚拟秩序'"，"体现的是一种规则和资源，而规则本身就具有转换之意"（安东尼·吉登斯，1998）。因此，从结构功能主义的视角来看，财政权力结构是国家为了实现与其权力相对应的财政收入最大化并保证其合法性，通过对其收入来源和征收形式、支出结构等规则的划定对社会权力在政府与市场、中央政府与地方政府、不同利益集团人群之间进行的一种制度安排，从而决定不同社会主体的权力，实现对不同社会主体基本地位、权利、责任和义务的规定和认可，体现权力界定的规则。

财政权力结构为保证其自身的维持和存在，同样需要满足塔尔科特·帕森斯（Talcott Parsons）所提出的四种功能条件：（1）适应。确保此结构能够使各权力主体从周围环境中获得所需资源，并在结构内加以合理分配；（2）目标达成。制定结构的目标和确定各目标的主次关系，并能调动资源和引导社会成员去实现目标；（3）整合。使结构内各部分权力主体协调为一个起作用的整体；（4）潜在模式维系。维持共同价值观的基本模式，并使其在系统内保持制度化。因此，一个合法且有效的财政权力结构是一种能够促使各财政权力主体应对不确定性，发挥其能动性，但同时又为整体目标服务的"虚拟秩序"或"制度"。一个合法且有效的财政权力结构会形成一种激励机制，使各权力主体都成为此结构下的受益者，是各方面多赢的博弈格局，从而降低各类交易成本和信息成本，减少各类风险，产生各种效益，扩大多方面收益，使这一结构可持久地发展或变迁，形成自我演进、自我变革、自我调整的机制。

2.2 财政权力结构与社会系统

"用于确定边界的权力能够解决冲突、缓和紧张、协调复杂系统中的行动，如果能够发展出实现这些功能的政治系统，社会就可以更好地应付周围的环境"（Luhmann，1982）。世界各国的历史和实践反复证明，财政涉及广泛的责权利关系，与中央政府、地方政府、企业和社会成员的切身利益密切相关，是政治系统中的基本因素，具有极大的社会经济"联动性"。在不同的经济社会形态下，财政权力结构所约束的权力范围不尽相同，区别在于政府介入社会或市场的程度以及各级政府间财政权力的配置方式，而不同的财政权力结构又会反过来作用于社会系统的发展，产生不同的社会发展绩效。

2.2.1 财政权力结构演化的路径

曼瑟·奥尔森（Mancur Olson）通过对"流寇"和"坐寇"①的行为分析建立了政府起源理论。根据奥尔森的政府起源理论，可以假定全部社会权力最初由所有者国家（Owner-State）控制、行使，并假定国家会根据社会经济发展绩效将权力在政治、经济两大领域进行配置，形成吉登斯所说的"权力的制度性调配"过程（Anthony Giddens，1998）。财政权力结构作为"权力的制度性调配"载体，即财政权力的配置通过权力结构展现出来，这也是符合希克斯所描述的经济史的变化

---

① 假定前国家社会存在生产者和掠夺者，后者首先以"流寇"面目出现，通过对生产者产权和人权的侵犯而获益。非零合博弈的存在使"流寇"发展成为"坐寇"，而生产者也从其自身利益出发选择被"坐寇"所统治。如果一个"坐寇"组织，经过一系列的军事行动，最终成功地在一个或大或小的地域中建立了统治权，垄断了该地区的暴力使用权和掠夺权。这时，一个地域范围或大或小的政治体就形成了，这种政治体在韦伯看来就是国家。"坐寇"组织成为统治集团。由于"坐寇"将特定区域内的一切，包括有形资产和人都作为其私有物，垄断了一切权力，因此，国家从原始意义上又可称为所有者国家（owner-state）。

轨迹①的。为分析一定财政权力结构下的权力在政治和经济两大领域的不同配置组合所产生的长期社会经济发展绩效，借用生产函数建立一个简化的模型：

$$Y = \varepsilon A^a B^{b②}$$ (2-1)

扩展模型为：$Y = \varepsilon (A^n A^{m})^a B^b$ (2-2)

在模型（2-1）中，权力在政治和经济两大领域的配置具体分为财政直接控制和市场配置两部分，A 和 B 分别表示社会权力在不同配置方式下所产生的社会经济发展绩效，从个人的微观层面看，就是个人期望与获得之间的匹配度，是人们在一定"生活机会"下创造力的函数，且 $A < B$。a 和 b 则相应表示各领域所直接拥有的权力在总的权力中的权重（$a + b = 1$）。ε 表示综合绩效系数，Y 表示总体社会经济发展绩效。如果 a 远大于 b，即财政直接控制了绝大部分的配置权力，独立的市场配置方式基本不存在，这就是"全能政府"控制的计划经济体制。如果 a 远小于 b，则市场掌握了大部分的权力，即市场经济体制，由于 $A < B$，所以总的社会经济发展绩效 Y 将得到大大提高。权重 a、b 的变化，即权力从财政领域向市场领域的转移，来自于财政对由其直接控制权力的部分释放。权力释放的原因在于计划经济限制社会成员的自由选择并使其形成强烈的依附性，无法激发个人独立的创新冲动，整个社会缺乏发展的内在激励，具有强烈的保守性和封闭性。这种以财政权力带动社会经济增长的方式与社会个体本身发展动力的停滞产生冲突，财政甚至无法在原有水平上继续保持供给。为解决和缓解这种财政压力，维持政府的合法性，财政权力结构会产生调整，这个过程是向市场释放权力的过程，也是寻求市场有效配置权力的过程。在向市场经济转型的社会系统中，政府已不可能根据其在计划经济分配下所占据的地位、权力获得绝对主导优势，即使政府仍然拥有重要的配置资源的权力，其相对优势下降的程度也会随着市场机制的完善程度而加剧。

模型（2-2）是对模型（2-1）的扩展，主要是 A^a 部分发生了变

---

① 从习俗经济、指令经济到市场经济，尽管习俗经济并不是由统治者组织的，而是建立在一定传统主体之上的，但仍可将传统视为一种配置的主体。
② 刘志广. 中央集权型财政体制与我国古代社会发展的停滞 [J]. 上海行政学院学报，2002（2）.

化，即针对存在多层级政府的国家中作为财政权力主体的各级政府间权力的配置，将 A^a 分解为 $(A''A''')^a$。将 A^a 分解的原因在于政府结构类似于普通工厂的结构，都是一个非市场体制，希克斯认为"可以把政府想象成一个工厂，由于经理不能在同一时间出现在一切地方，不能在同一时间内知道一切事情，所以必须把工厂分部门来管理，政府也如此"，"只有一部分决策由中央制定，此外都留给统治集团中等级较低的人士去制定"（约翰·希克斯，2007）。A' 和 A'' 分别表示权力集中在中央政府和下放到地方政府所产生的不同社会经济发展绩效，且 $A'<A$、$A'<A$。c 和 d 则相应表示中央和地方政府所拥有的权力在总的财政权力中的权重，且 $c+d=a$。财政权力由财政领域向市场领域的转移往往首先通过政府间财政权力的下放实现，而以市场为资源配置主体的市场经济，更是要求各级政府所掌握的权力要与其管辖范围内的微观市场相匹配，即构建市场经济下的财政权力结构。市场经济条件下的财政权力结构，应能够仿效市场机制对企业权力产生的制约作用，成为存在于各级政府之间的一种有效的制衡机制。这种机制的作用在于：财政权力划分明晰的分级财政能够把各级政府应行使的权力落实到位，将各级政府提供公共产品的成本与收益直接挂钩，强化各级政府的收支责任，硬化各级政府的财政预算约束；激励地方政府为提供公共产品展开竞争，动员本地的财政资源，最大限度地提高本辖区的社会福利。

2.2.2　财政权力结构演化的推动力

从人类历史的发展进程来看，社会权力呈现出从政治领域向经济领域转移（权重 a、b 发生变化，即权力从财政领域向市场领域转移）的趋势。在财政社会学视角下，这种权力结构重构的推动力在于"危机"的产生。尤尔根·哈贝马斯认为，当社会结构即社会权力结构所能容许解决问题的可能性低于该结构继续生存所必需的限度时，就会产生危机（尤尔根·哈贝马斯，1973）。尤其是当社会成员感觉到目前的权力结构影响到其继续生存，感觉到他们的社会认同受到威胁时，危机就真正出现了。从这个意义上说，危机就是结构整合的持续失调，危机使得社会结构固有的系统命令彼此不能相容，不能按等级整合。

而在由国家控制、行使部分权力的前提下，在已经产生分化的社会中，政治系统作为分化出来的控制中心，其地位要高于社会文化系统和经济系统（如图 2-1 所示），也就是说在一定的社会权力结构中，政治力量往往要大于社会其他方面的力量（尤尔根·哈贝马斯，1973）。而且哈耶克也曾指出，"一个经济体中的秩序演进，是一个自生自发的过程，外来的知识和力量只有通过影响经济体的内在机制才能对其秩序演进发挥作用"（弗里德里希·冯·哈耶克，1997）。而这个内在机制，按照奥尔森和阿西墨格鲁等的理解，就是社会内在的权力结构，它预置了社会群体博弈的初始规则并规定了决定最后均衡的力量分配，作为社会规则的制度，就是这种博弈的结果。这也就是说，"危机"的出现，最终都是通过改变社会权力结构来影响社会演进的，如果不能引致权力结构的根本调整，表面的政治改革或者一定范围内的经济增长，都不能导向社会发展绩效的根本提升和社会长期的繁荣与稳定。

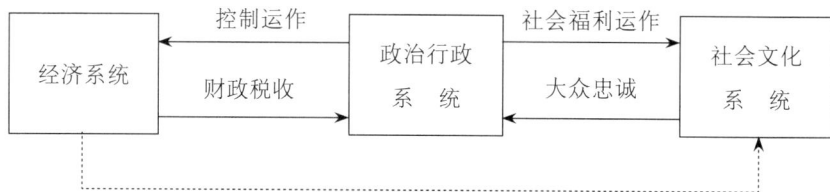

图 2-1　规范社会结构中的政治因素

资料来源：哈贝马斯．合法化危机［M］．刘北成，曹卫东，译．上海：上海人民出版社，2000．

所以当危机出现，"当社会成员感觉到目前的权力结构影响到了继续生存"，必然意味着社会权力的重新配置，而往往这种重新配置必须依附于国家财政权力结构的变化。因为财政是国家控制权力的经济体现，财政权力结构又最充分地体现了政府与市场权力的配置格局以及财政权力主体之间相互制衡的规则。戈德斯契德则更彻底地认为，"每个社会问题，实际上还有每个经济问题，说到底都是财政问题"。也正如人们在实践中所观察到的，在向新的经济类型过渡的过程中，国家将发挥一种中心作用，通过对财政权力的重新界定，建立新的产权制度与新的市场，"如果政府财政行为没有有效的转变的话，经济转轨也不大可能获得成功"（钱颖一，2001）。经过社会权力的重新配置和财政权力结构的调整后，又会在新的控制水平上形成社会系统中的规范结构（如表2-1所示）。

表2-1 社会系统中的规范结构

系统	规范结构	基础范畴
社会文化	地位系统、生活方式	私人可获得的、可任意支配的报酬与权力的分配
政治	政治制度（国家）	合法权力的分配（和结构力量）；现有的组织合理性
经济	经济制度（生产关系）	经济权力的分配（和结构力量）；现有的生产力

资料来源：哈贝马斯.合法化危机［M］.刘北成，曹卫东，译.上海：上海人民出版社，2000.

2.3 市场经济下财政权力结构的特质

"国家性质的变化除了通过市场经验，几乎不可能发生"（约翰·希克斯，2007）。西方兴起的历史经验表明，只有分散获利机会下的经济增长才能带来社会权力结构的调整，也就是说，只有在经济增长的机会被社会公众所普遍地分享而不是被旧制度下的既得利益集团垄断的时候，增长才能导向新的权力分配格局，否则只能使原有的权力结构被进一步强化。因此，市场经济下政府所掌握的财政权力以及相应的财政权力结构呈现出与以往社会形态下不同的特质。

2.3.1 市场经济下财政权力结构的合法性

合法性是评价性的，是指"政治系统使人们产生和坚持现存政治制度是社会的最适宜制度之信仰的能力"（西摩·M.李普塞特，1997），是"政治系统的决策作为正当的功能被接受的程度"（Luhmann，1982）。不同社会形态下的国家或政府谋取财政权力最大化都要受到合法性的约束，"一切权力……都要为其自身辩护"（马克斯·韦伯，

2006）。在市场经济条件下，社会分工的发展使社会关系更加复杂多样化，政府的财政权力被约束在进行私人产权保护和实施、促进社会公正契约之上的国家经济活动范围内。国家权力的合法性体现在"权利对权力的制约"，即市场经济下的国家或政府权力必须是有限的，实行"宪政"。从经济学的角度看，市场经济下政府财政权力的行使具有四个基本特征：弥补市场失效、一视同仁服务、非市场营利性以及法治化（张馨，1999）。

1）合法性的含义

合法性这一名词最早来源于拉丁文"legitimus"，意思是指合乎法律的（lawful，according to law）或法治的（legal）。这一名词的使用多见于西方法典或法律条文中，指事实、行为等构件合乎法律的要求，严格限制在法律所规定的界限之内，这是法律意义上的解释。它与政治学范畴内的合法性有本质的区别，政治学意义上的合法性强调了政府受到公民的尊重或其公民承认服从权力的义务，是政府与公民双向作用的结果，侧重于政府的正当性，通过证明权力的授予是否符合正义原则，合法性与政治权力的联系更加紧密。在讨论以政府权力为依据的财政权力结构的合法性时，指的就是政治学意义上的合法性。

合法性概念最早起源于人们对古代社会直接统治覆灭原因的反思，在中世纪的法律与哲学上合法性已经被定义为"统治资格的资质"（Quality of the Title to Rulership）。当人们意识到，社会存在和发展必须借助于政治统治或政治管理的方式才能得以实现时，政治权力如何为自身所具有的政治统治资格作出合法的解释就成了一个根本性的问题。柏拉图把美德作为政治合法性的绝对标准，其学生亚里士多德提出划分政体合法性的"正义"标准，亚里士多德在《政治学》一书第六章中解释道："依绝对公正的原则看，凡照顾到公共利益的各种政体就是正当或正宗的政体。"自近代以来，伴随着"人民主权"思想的兴起，合法性理论得到了进一步的发展。在西方思想史上，卢梭第一次明确提出合法性的概念，并认为"人民的公意是政治统治合法性的唯一基础"。西方思想史上，马克斯·韦伯对合法性问题的研究是最深入、最系统的。韦伯将合法性统治分为三种类型，即合法型统治、传统型统治以及魅力型统治，并且认为，这三种类型的统治分别建立在三种不同的基础之上，即法理基础、传统基础和魅力基础。在韦伯之后，对政权权力合法性理论贡献最大的是哈贝马斯，他关于晚期资本主义合法性危机的观点为人们认识合法性问题提供了崭新的视角。哈贝马斯认为，"合法性意味着某种政治秩序被认可的价值——这个定义强调了合法性乃是某种可争论的有效性要求，统治秩序的稳定性也依赖于自身（至少）在事实上被承认"。哈贝马斯对合法性的定义在很大程度上是对经验主义合法性理论和规范主义合法性理论的一种综合，突出一种符合社会价值规范的认同。

2）市场经济下财政权力结构的合法性

政治秩序合法性的标准以及基础是随经济社会形态的发展而变化的，正如马克斯·韦伯把合法性理解为一种社会现象，基于某一社会基础来考虑政治权力的合法化。他将社会中特定的"权力支配系统"进行了归纳，确立每一种情况下合法性建立的基础，即三种权威类型——以确立已久的习俗和传统为基础的传统型权威（Traditional Authority）、以个体的人格力量为基础的奇里斯马型权威（Charismatic Authority）以及以正式的宪法规则为基础的合法-合理型权威（Legal-Rational Authority）。在韦伯看来，法理基础就是指"建立在相信统治者的规章所规定的制度和指令权力的合法性之上，通过合法授命进行统治"。

市场经济下财政权力结构的合法性就是建立在合法-合理型权威的基础上的。市场经济不同于以往的经济形态，它"限制了官僚主义的权力，有助于保护我们的自由不受国家的侵犯"（阿瑟·奥肯，1999）。市场赋予了人们前所未有的自由创造财富的神奇力量，社会财富的巨大增长深刻影响着经济社会的方方面面。市场经济的创造性以及不确定性都要远远大于以往的任何一种经济形态，与之相对应的政府权力必然要发生变化。正如弗里德曼所言："自由市场经济中政府的必要性在于：它是竞争规则的制定者，又是解释和强制执行这些已被决定的规则的裁判者，市场所做的事大大减少了必须通过政治手段来决定的问题范围，从而降低了政府直接参与竞争的程度。"因此，在市场经济条件下，宪政的实行是必然的，"宪政意指有限政府（limited government），宪政的根本就在于用恒定的政制原则限制一切权力"（弗里德里希·冯·哈耶克，2000），将政府权力，尤其是将财政权力以法律的形式限制在一定的范围内。

财政权力作为制约国家或政府无限权力的天然资源障碍，是宪法所要规范的重要政府权力，"对政府行为的控制，至少在最初的时候，主要是经由对岁入的控制（control of revenue）来实现的"（弗里德里希·冯·哈耶克，2000）。以财政权力为核心的财政立宪主义在宪政的产生和发展中占据重要的地位，财政立宪是将关于国家和人民之间公法上财产关系的制度上升到法律层面，其涉及范围包括赋税、财产征收以及预决算等政府的一切财政权力。人类历史上第一波宪政运动——英国、美国和法国宪政的确立过程，已经雄辩地证明了政府权力中的财政权力是宪政产生的根源。而且财政权力的实质反映了公民的财产保护和国家职能所需的相应财力之间的关系，国家能力的限制、保障与公民财产权的保护是同一问题的两方面。因此，市场经济下财政权力结构的合法性应充分体现在其在宪法规定中的重要地位上，正如 1789 年法国《人权宣言》中所指出的："没有分权，就没有宪法"。市场与政府、各级政府之间这种财政权力的明确界定构成了现代社会各国宪法的核心内容。

2.3.2　市场经济下财政权力结构的有效性

李普斯特（Lipset）指出，权力结构的有效性主要是工具性的，是指政治系统满足公民要求的程度。市场经济的发展，为政府在确保财政权力合法性的前提下，追求其权力行使的有效性提供了条件。"一方面是以美元和美分测量的税收成本，而另一方面是以美元和美分在观念上可以测量的利益价值。人们可以从成本和利益的角度对政治决策进行有意义的讨论，这种讨论毫不逊于对其他问题的讨论，因为利益和成本是能够相当准确地测量的"（詹姆斯·M. 布坎南，1993）。正如希克斯站在人类经济史发展的长河中所看到的那样，"市场势力用以改造岁入经济的办法之一是为它提供经济核算的机会，而在最早的岁入经济中几乎完全不具备这种条件"（约翰·希克斯，2007）。

1）市场经济下政府财政权力与市场权力的有效界定

尽管在公共产品理论诞生前的其他社会形态下，公共产品的供给就已经被纳入了财政权力的范围内，例如亚当·斯密在 1776 年以前就强调的防止损害的法治、在重商主义经济时期就被新兴资产阶级强烈要求的保护财产和维护合同的制度、中国几千年前古代财政思想就遵循的"不患寡，而患不均"式的社会公平，但只有在市场经济条件下，政府的财政权力和市场权力才有了相对明确的划分。

西方的市场经济崇尚"社会契约论"，认为国家和政府是经由契约而形成的。所谓契约，亦称合同或协议。一般而言，它是经由当事人双方的一致意愿而成立的，代表着订立契约的双方当事人意见一致的状态，一旦契约成立，缔约双方都要受到它的约束。而国家或政府成立的前提是与社会成员之间签订社会契约，它是指政府和社会成员之间签订的有关双方权利和义务及相互关系的一种合约。一个契约型国家，政府的一切权力均由社会成员授权而形成，这一政府须根据社会成员的意愿行使职权，社会成员有权阻止、纠正和否定政府违反其意愿行使的职权，直至更换政府。这也是早期英国宪政史上，将财政权力与人身权和所有权保护结合在一起的原因，因为政府权力的扩大必然会导致社会成员个体权力的缩小。因此，市场经济下的政府权力尤其是财政权力往往被主要限定在公共领域，只有这样，受社会成员委托执行公共权力的政府，其权力的执行才可能尽量避免侵犯社会成员的人身自由。当然，公共领域的范围要受不同国家市场经济不同发展阶段的影响。

市场经济中的政府权力是在分散决策基础上的集体选择的产物。一方面，私人商品和服务的买卖主要依赖于市场自愿的分散决策；而另一方面，通过市场化定价和收费机制所不能处理的问题中，有一类被称作公共产品的问题。经济学家比较市场上的私人产品，发现公共产品具有非排他性、非竞争性以及外部性等基本特征（保罗·萨缪尔森，1954），市场无法有效提供，而这类物品往往又是不可或缺的。由于公共产品的不可分割性及有益性，"管理众人之事"①的民主政府有责任并且有能力

---

① 参见孙中山的"民主宪政理论"中关于政治的解释。

担负起提供这种物品的任务。而经济学范式下的公共产品理论解决了市场经济下相对于私人产品的不同规模公共产品供给的最优化问题，为政府弥补市场失灵的财政权力的行使提供了一个比较系统、可参照的规范性标准。

2）各级政府间财政权力的有效界定

在确定政府弥补市场失灵的财政权力基础上，怎样在各级政府间划分这种财政权力，如何处理政府间的财政关系就成了现代政府职能研究中的一个复杂问题。绝大部分国家的政府是具有层级的，我们可以把政府想象成一个工厂，其内部结构同样是一个非市场体制。政府必须分不同的层级，对不同范围的领域进行管理，尤其是地域广阔、人口众多的大国，只能有一部分决策是由中央制定的，此外都留给其他层级的政府去决定。目前，经济学是根据公共产品的层级性及受益范围来研究各级政府财政权力的划分，尽管"划分界限并不总是可以清楚地界定"，但从广义上说，中央政府提供的是那些全国性的使所有社会成员都受益的产品和服务，而地方政府提供的是在地理上更可以分割的分工产品和服务。尽管政府层级以及财政权力的划分并不是那么容易受经济有效性的影响而发生改变的，因为政府层级的划分由来已久，它是由一国政治、经济、历史、文化、地理等综合因素决定的，强烈的路径依赖性及既得利益的固化再加上各地区巨大的差异性使得理论上的统一标准很难付诸实践，但出于经济有效性的目的，政府间财政权力按照公共产品提供的层次性划分应当是首要考虑的标准。

3）市场经济条件下财政权力结构有效性的保证

市场经济条件下的公共选择理论基本上是将民主的思想贯穿于财政权力的行使当中，把经济学逻辑——即关于人们怎样进行选择和由此而形成的市场组织的研究应用到公共部门，通过数学、统计、博弈等现代方法设计出集结个人偏好的制度以实现整体上社会成员最满意的结果。各级政府财政权力的内容是由公共产品的提供和社会成员税负的分担共同组成的，涉及社会成员的切身利益和效用。因此在市场经济条件下，公共资源得到最优配置的前提条件是社会成员能够真实地显示其个人偏好，而且只有当这种偏好被集结成社会成员整体上的最大合意时，财政权力才能够得以行使。由此可见，公共产品的现实供给是一个复杂的政治过程，即根据公共产品理论，可以确定某一公共产品的最优供给量A，但最终能否达到这一标准，要取决于特定受益范围内有权参与决定供给量的各利益方偏好的集结。正如以康芒斯为代表的制度经济学派认为，"资源配置的决定因素不是市场，而是社会制度安排中的权力结构"，这也正是公共选择理论所要解决的难题。同时，也正是公共选择理论的发展以及民主社会中选举制度的完善，保证了财政权力结构中各级政府主体能够集结本辖区内社会成员对公共产品的偏好，有效行使各级政府的财政权力。

3 市场经济下财政权力结构的构建依据

　　市场经济不同于以往的任何经济形态，是一种分散决策、分散获利的资源配置方式。《简明不列颠百科全书》定义的市场经济是指"生产资料大多为私人所有，主要通过市场的作用来指导生产和分配收入"；《日本经济事典》也认为"私有财产制度是市场经济制度中最具有代表性的制度"。因此，分散配置的前提就是社会成员个体权力的形成，市场经济下财政权力结构构建首先要处理的就是政府财政权力与市场权力的界定；而现代政府结构的多层级性使得各级政府间财政权力的配置成为权力结构构建的另一个重点。本章将忽略权力由政府财政领域进入市场领域的过程，直接对当市场掌握了大部分的权力，成为权力配置主体时（$Y = \varepsilon A^a B^b$，且 a 远小于 b），如何进行财政权力结构的构建进行考察。

　　西方经济学理论将社会权力结构问题划分为"人与人"以及"人与物"两方面的问题，其理论研究的路径也沿着这两个方向发展，被分成政治经济学和狭义经济学[①]。当代公共经济学[②]（或称公共部门经济学）理论兼具了经济学和新政治经济学的研究视角及研究方法，创立了与市场经济以及多层级政府结构相适应的配置中央政府与地方政府财政权力的财政联邦制理论。财政联邦制（Fiscal Federalism）理论并非单一理论，而是一套在明确政府财政权力边界的基础上，着重研究关于多层级政府间财政支出权力、收入权力划分以及财政均衡的系统理论集合。根据财政联邦制理论，市场经济下财政权力结构的构建，是以地方居民对公共产品的偏好选择为核心，以地方政府自主提供地方性公共产品为重点，划分政府间财政支出权力，并按照各级政府的支出权力进一步划分政府间的收入权力的；对收入和支出责任不相匹配的部分，上级政府通过转移支付的方式对财政缺口进行一定程度的弥补，同时上级政府还拥有对外部性问题的解决以及财政均衡协调权力的系统理论。

3.1 公共产品理论对政府财政权力与市场权力的界定

公共产品理论属于经济学理论，从资源配置的效率角度，为政府存在的必要性和运行的规范性提供了依据；同时也为市场经济条件下，政府财政权力与市场权力的界定提供了经济学理论上的标准。

3.1.1 公共产品供给的均衡

任何物品都可以从两个方面的综合考量进行分类：一方面从消费是排他的（Exclusive）还是非排他的（Non-Exclusive）进行分类；另一方面从消费是竞争的（Rival）还是非竞争的（Non-Rival）进行分类[③]，如表3-1所示。通过这种分类，任何物品都可归入以下四种类型。

---

① 政治经济学主要从分配问题入手，即以人与人之间的关系为路径展开经济学的研究，例如以亚当·斯密为代表的古典政治经济学以及新兴的"新政治经济学"。而经济学（狭义）是以资源配置为中心的最优化问题为研究视角，研究的是人与物之间的关系，从"边际革命"的一般均衡开始，这种研究从政治经济学的研究中分化出来，并一直占据着当代西方经济学界的主流地位。

② 公共经济学（Public Economics）或公共部门经济学（Public Sector Economics）不同于亚当·斯密创立的财政学（Public Finance），其研究范围、领域、方法、指导思想、所要解释的问题都发生了实质性的变化，研究的是非市场机制在解决效率、公平和经济稳定问题中的地位和作用。

③ 消费是否具有竞争性是由物品本身的物理特性决定的，而是否有排他性一般取决于外在的技术水平和技术成本。

表 3-1 物品的分类

		排他性	
		有	无
竞争性	有	私人产品	共同资源
	无	俱乐部产品	纯公共产品

资料来源：刘宇飞. 当代西方财政学［M］. 北京：北京大学出版社，2005.

相对于私人产品而言，纯公共产品是具有共同消费性质的产品和服务，"每个人对这种产品的消费并不会导致任何其他人消费的减少"（Paul A. Samuelson，1954），并且很难利用价格等机制将其他人排除在该产品的消费利益之外，即同时具有非竞争性和非排他性。例如：国防就是典型的公共产品，与之类似的还有公平的收入分配，有效的政府制度，经济的稳定，环境的保护等等。共同资源和俱乐部产品又被称作"准公共产品"，共同资源在消费上具有竞争性，但是却无有效的排他性，例如，公共牧场；俱乐部产品则恰好相反，在消费上具有非竞争性，但却可以利用价格机制或技术上的条件比较轻易地排他，例如公路、电影院、图书馆等。但这种对物品的分类，并不意味着私人产品就要由市场来提供，而公共产品就一定要由政府来提供，无论是公共产品还是私人产品究竟是由市场还是政府来提供，要针对特定的物品看哪一种机制是更有效率的。

1）公共产品的最优供给条件

公共产品在消费上具有非竞争性，也就是说必须等量消费，不可分割，所以消费者只能是公共产品既定量的接受者，并且在现有的消费者之间对纯公共产品的消费是非排他的。在公共产品的局部均衡分析中，将个人对公共产品的需求曲线进行纵向加总，得到公共产品的社会需求曲线 knm[①]，如图 3-1 所示，个人在同样的消费量 X_g 下按各自的需求曲线支付不同的价格 P_{g_a} 和 P_{g_b}，$P_{g_a} + P_{g_b} = P_g$。此时，可得到公共产品的最优提供条件：

---

① 萨缪尔森称这种曲线为"虚假的曲线"，因为在实际生活中，个人是不会表示其对一定数量公共产品愿意支付多少价格的，但借助于这种需求曲线，对分析问题是有帮助的。

$$MB_{g_a} + MB_{g_b} = MB_g = MC_g \qquad\qquad (3-1)$$

或写作：$\sum\limits_{i=a,b} MB_{g_i} = MC_g$ \qquad\qquad (3-2)

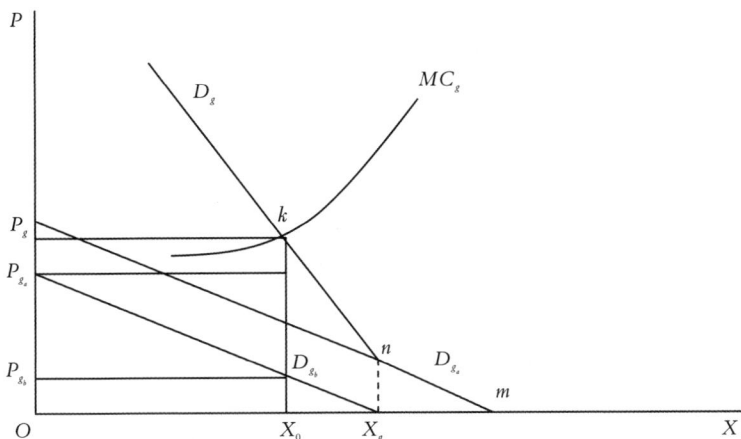

图 3-1 公共产品的局部均衡分析

资料来源：刘宇飞. 当代西方财政学 [M]. 北京：北京大学出版社，2005.

如果公共产品的提供水平未能达到 X_g，就应该扩大供给，因为这时 $MB_{g_a} + MB_{g_b} > MC_g$；当提供水平高于 X_g 时，就不应再继续生产了，这时已经产生了福利的损失，$MB_{g_a} + MB_{g_b} < MC_g$。

关于公共产品的一般均衡分析，萨缪尔森在其 1954 年的一篇经典论文"The Pure Theory of Public Expenditure"中做了详尽的介绍，一般均衡的必要条件是：

$$\sum_{i=1}^{n} MRS_{g,p}^i = MRT_{g,p} \qquad\qquad (3-3)$$

实际上，一般均衡的必要条件与局部均衡条件的含义是相同的，即 $\sum\limits_{i=1}^{n} MRS_{g,p}^i = \sum\limits_{i=1}^{n} P_g^i = MC_g$，政府提供的公共产品数量在边际产量的边际成本要等于社会成员愿意为边际产量的公共产品支付全部税款的总和，否则政府提供的公共产品数量就不再是最优的。

2）公共产品的市场供给

（1）纯公共产品的市场供给。公共产品理论给出了纯公共产品的最优供给条件 $\sum\limits_{i=1}^{n} MRS_{g,p}^i = MC_g$，但问题在于，何种机制能实现这种最优供给条件。对于纯公共产品，萨缪尔森（1954）指出，在市场制度下，如果公共产品采取市场提供的方式，那么该公共产品被提供的水平将停留在 $MRS_i = MC$ 的水平上，而该水平比 $\sum MRS_i = MC$ 所决定的水平要少得多。因为商品任意可分性的假定保证了当帕累托效率条件未被满足时，有关生产者和消费者能够有效地进行微小的调整，而公共产品的不可分性使这种微调成为不可能，从而无法满足竞争市场有效性的前提假设。由于非排他性的存在，人们往往会隐瞒自己的真实偏好，更没有激励为该物品或服务付费，因为只要其他人为此付费，自己就可以"搭便车"，而无须付出任何成本。当这种"搭便车"的策略成为主导性的策略时，就不会有任何数量的公共产品被市场提供。这种不能通过正常的价格体系分配的情况意味着竞争性的市场不能带来帕累托效率数量的公共产品，如果这种公共产品又是必需的，那么只好由政府来提供。例如国防产品，"只要有一个人来承担此项开支，整个领域内的人都会受益，但几乎没有人会愿意这样做"（Joseph E. Stiglitz，2005）。

（2）准公共产品的市场供给。具有非排他性，但不具备纯粹非竞争性的准公共产品（公共资源）在消费者之间的分配与私人产品相似，使得每个消费者边际收益相等的分配组合是最优效率配置。消费者从对公共资源的直接消费中获得的收益在该消费给社会带来的总收益中占到一定的比重，因此由市场提供这种具有外部性的准公共产品只能实现次优配置。当一种物品具有非竞争性时，即使排他是可能的，也就是俱乐部产品，但从经济效率的角度看，市场往往也是没有动力去排他的。例如，市场一般会对非竞争性的产品收费，这样就会阻止一部分人享受该物品，即使他们的消费不会增加边际成本，这样往往会因为消费不足带来低效率，但不实行收费，该物品的供给就缺少激励。所以，准公共产品完全由市场来提供的话，就会产生消费不足或供给不足。

3.1.2 广义上的公共产品供给

从广义上来看，政府提供的面向一定社会成员的具备共同消费性质的产品和服务都可以纳入公共产品的范围，除了从资源配置角度考察的典型公共产品外，纠正外部效应，解决市场遗留的收入不公平问题、调控市场固有的经济周期的公共财政职能①也都属于社会成员共同消费、共同受益的公共产品。

1）配置资源

政府进行的资源配置主要是针对公共产品的供给，但除此之外，还要对外部效应进行纠正。当存在外部不经济时，生产成本等于私人生产成本加上社会生产成本，而决定市场价格的是私人生产成本，因此会造成产品的过度生产；当存在外部经济时，产品收益等于私人收益加上社会收益，而决定市场状况的是私人收益，因此就会造成生产供给的不足。英国的福利经济学家庇古（A. C. Pigou，1920）最早提出政府应通过税收和补贴的办法解决外部性所产生的社会边际成本与私人边际成本的差距或者社会边际收益和私人边际收益的差距。此外，还可以通过制定产权、政府管制等措施纠正外部效应。

2）收入分配

收入分配不公是市场遗留下来的一个重要问题，同时也是市场无法自行解决的问题。根据福利经济学的基本定理，对于完美市场，均衡价格信号足以协调分散的经济活动，达到帕累托最优的标准，但帕累托最优有无穷多解，也就是与无穷多的收入分配方式相对应，所以矫正自由放任下的收入不公平问题就需要政府有所作为。福利经济学第二基本定理表明，在采取适当的措施，如进行一次归总税收和转移支付之后②，任何帕累托有效的资源配置仍然可以通过竞争市场机制实现。这意味着公平和效率问题可以相互独立，分别处理，不必为解决收入不公问题而彻底放弃配置资源的市场机制。理想的方法就是在市场之外，由政府进行收入的再次分配，实现购买力在消费者之间的合意转移，同时又不扭曲消费者自由选择的行为：在这种合意的收入格局下的帕累托有效资源配置，同样存在一个均衡，使得消费者的效用和生产者的利润都实现最大化。

---

① 马斯格雷夫（R. A. Musgrave，1959）在其被奉为经典的《公共财政学理论：公共经济研究》一书中，提出了公共部门活动的三个核心领域，即"资源配置、收入分配、充分就业以及价格水平稳定和增长问题"。
② 经济学家对总额转移支付提出质疑，认为即使在不存在市场失灵的前提下，总额转移支付也不见得是一个行得通的政策主张，因为那需要政府对经济运行特征了如指掌，并能收集到极其详细的信息，但福利经济学第二基本定理还是提出了在市场经济条件下，解决公平分配问题的思路。

3）稳定经济

由于市场经济自发运行的周期性，政府需要通过一系列的政策对经济运行进行宏观上的调控。财政稳定经济的职能主要是通过税制的设计，改变公共支出与税收的调整，从宏观经济层面来影响物价水平、就业水平和经济增长。这通常需要多种政策手段，特别是财政政策与货币政策的最佳协调和配合。

3.1.3　政府财政权力边界的具体界定

"公共产品理论代表了正统的效率准则扩展到这种通常被称之为公共消费的物品、服务或公共产品上"，借助这一理论试图找出"那些因某些特征而特别经得起集体化检验的货物和服务"，而"政府或公共组织的一个显著特征正在于选择的公共性"（James M. Buchanan，1987）。市场经济下的政府财政支出权力所体现的具备"某些特征"的公共性包括：

第一，纯公共产品的提供。对于纯公共产品，早在 1740 年休谟（David Hume，1740）就指出过"公共的悲剧"。在社会共同体中，从个人的角度看，对公共产品实施"搭便车"的策略是最符合理性的，但结果会造成没有一个人能享受到公共产品的好处。最有效的办法就是由政府组织通过其强制力"强迫"所有社会成员分担公共产品的费用，由政府统一对公共产品进行供给，但公共产品并不一定要由公共部门来生产。亚当·斯密（Adam Smith，1755—1764）很早就认为，国王应该向其臣民提供三类公共产品：国防、公正和工作，再加上一个受外部效应影响的私人物品——初等教育。可以说，这是市场经济初期，对政府提供公共产品支出权力的定位。随着经济社会的发展，政府提供纯公共产品的范围也发生了改变，在布坎南的《公共财政》中，以美国的社会现状为例，他列举了纯公共产品的政府提供范围：共同防御即通常意义上的国防、法律和秩序、环境控制、货币稳定、收入再分配以及一些特殊的管理措施①。

---

① 在这里需要指出的是，从财政支出权力的配置来看，同法律和秩序的情形一样，管理服务的预算支出往往只占有很小的比重，所以，通常将其纳入政府管制权力的研究范围，而不从财政支出权力的角度进行研究。

第二，持续争论的准公共产品的提供。准公共产品在消费上是可分的，或者在技术上是可排他的，关于政府财政支出权力适当范围的持续争论主要集中在准公共产品的提供上。例如教育和保健，从私人家庭受益的角度来看，是完全的私人产品，同时全社会又会从具有良好教育以及身体健康的公民中获益，从这种全社会的获益性来看，教育和保健又具有公共产品的性质。"给予特殊服务的公共和私人方面以相对的重要性，将决定人们对政府筹资适当作用的态度"（James M. Buchanan，1987）。布坎南提出了一个准公共产品提供的基本原则：向使用者征收的并且和他们对服务的私人消费相联系的直接费用，能产生足够的收入为全部的经营活动提供资金，如果在最低限度的供应上不存在公共的成分，那么某种活动就应该由私人市场过程来提供；当在最低限度的提供上还存在利益的公共成分时，政府与私人的混合筹资则是必要的。

第三，政府提供的私人产品。在某些领域中，由政府提供或筹资的货物和服务与由私人市场经济所提供的货物和服务两者之间没有明确的分界线。例如，邮电、通信、公用煤气、水电、高速公路等，这些服务的受益者是该系统下的直接使用者，利益几乎全部是可分割的，这些设施的建设以及经营也几乎是通过对使用者征收的各种费用来筹集的。由政府提供这部分产品，通常有两方面的理由：一是从成本的角度考虑，基本上是成本递减的行业，在未超负荷的前提下，增加一个消费者的边际成本等于零，如果对这些产品支付正的非零价格，就会造成资源配置的浪费，所以财政有必要进行补贴或直接接管，将这些产品低价出售；二是"公共经营更多的是源于历史的发展，而非来自所提供服务的任何明显的公共属性"（James M. Buchanan，1987），或者出于国家战略的考虑，例如在大多数国家，交通、通信和能源以及电视广播系统一直是由政府经营和控制的。

第四，非经济原因的支出权力。除了从经济的角度考察外，在实践中，各国政府也会从多方面尤其是社会综合目标的角度，考虑政府的支出权力范围，使得许多支出没有明显的经济原因。例如，对有益品①的

---

① 即 Merit goods，20 世纪 50 年代末最早见于马斯格雷夫（Musgrave，R.A.）的分析，又译作"优效品""优美物品"，其含义可参见马斯格雷夫 1992 年为《新帕尔格雷夫经济学大词典》写的"有益品"的词条。

提供，竞争性市场无法保证人们在各种情况下都能根据自己的最佳利益行动，即使在信息完备的情况下，也会由于疏忽或者缺乏远见等原因而不能作出明智的选择，而这种有益品的提供往往取决于一个社会的现实状况和此社会总体价值判断、价值取向的偏离程度。

另外需要强调的，一是对某一特殊服务的公共或政府的支持以及筹资与对某一服务的实际政府经营或提供是有区别的。一项任务是由政府直接行动完成还是通过与私营公司签约完成完全是出于对效率的考虑，而不是完全由其是否是公共产品所决定的。二是政府的财政支出权力是随着社会经济的发展而发生变化的。这一方面是由于社会成员对公共产品的需求以及主观评价在不断变化；另一方面对市场机制的发掘以及制度环境的创新，会出现某些新的公共产品提供方式。

3.2 公共产品层次性对政府间财政支出权力的界定

公共产品理论界定了政府财政权力与市场权力的范围，同时，公共产品的层次性、不同公共产品不同的受益范围以及地方政府对社区成员偏好集结的优势，都决定了政府的财政权力需要在各级政府之间进行有效的划分。可以说，"西方公共财政体制理论，重点是建立在对地方公共产品提供的研究基础上的"（张馨，1993）。

3.2.1 分权与公共产品供给优化

公共产品提供同私人产品提供一样，都需要对消费者的需求曲线进行加总，但不同的是，私人产品的需求可以通过市场的价格机制得以显示，但这种机制对于公共产品的需求显示往往是不足的。为了更好地集结消费者对公共产品的偏好，政府应承担起对公共产品提供的责任，同时由于"地方政府更接近于当地居民，从而更能了解其愿望和需求"（George Stigler，1957），由此产生了根据公共产品的受益原则，确定各级政府财政支出权力的分权理论。

1）从效率角度对分权的考察

由美国经济学家特里西（Ricard W. Tresch）提出的"偏好误识"

从理论上分析了由于对偏好的误识，公共产品都由中央政府来提供的话可能存在失误。假设按照萨缪尔森模型的要求提供的公共产品为 X_g，因消费此公共产品而受益的社会成员是 $h = 1, 2, \cdots, K$，假设该社会中其他的物品都是私人产品，并且不存在成本递减和分配不合理的问题。如果社会在信息方面是完全的，经济活动是完全确定的，则由中央来对 $h = 1, 2, \cdots, K$ 个社会成员提供公共产品 X_g，还是由地方政府来提供就无关紧要了。中央政府与地方政府都可以按标准条件 $\sum_{h=1}^{K} MRS_{g,p}^{h} = MRT_{g,p}$ 来提供 X_g，这里商品 p 是一种纯粹的私人产品。

如果社会信息的收集是困难的，并且经济活动具有不确定性，假如地方政府相当了解本地居民的偏好，它可以确定任何一个公民个人偏好中的边际消费替代率 $MRS_{g,p}^{h}(h = 1, 2, \cdots, k)$；而中央政府对全体居民的偏好了解得没有如此清楚，中央政府在了解每一个居民的边际消费替代率 $MRS_{g,p}^{h}(h = 1, 2, \cdots, k)$ 时，存在误识，带有随机性，因此中央政府所了解到的 $MRS_{g,p}^{h}(h = 1, 2, \cdots, k)$ 是一个随机变量：

$$M\hat{R}S_{g,p}^{h} = MRS_{g,p}^{h} + a \qquad\qquad (3\text{-}4)$$

上式中，$MRS_{g,p}^{h}$ 是地方政府所观察到的真正的 MRS；a 是一个随机变量。如果 $a \neq 0$，中央在提供公共产品的过程中就出现了偏差。即使 $\hat{a} = 0$，从而 $M\hat{R}S_{g,p}$ 是关于 $MRS_{g,p}^{h}$ 的无偏估计值，但如果社会是风险规避型的，也偏好于让地方政府来提供公共产品 X_g。

正是由于中央政府对地方居民有关地方性公共产品偏好的"误识"，在通常情况下，中央政府只能根据地区人数等客观因素作出决策，很可能会取不同地区对公共产品 P 需求量的平均数，把提供这种公共产品的水准定为 G。如图 3-2 所示，假设有 A、B、C 三个地区，它们对公共产品 P 的需求曲线分别为 U_A、U_B、U_C，当三个地区的居民数均为 E 时，它们对公共产品的需求量分别为 D_A、D_B 和 D_C。如果由中央按照平均数统一提供地区性公共产品的话，对于不同地区，$a \neq 0$ 的情况就会出现，公共产品的提供量或许不足，或许超量，造成浪费。而如果由地方政府来提供本辖区内的公共产品，则更有可能满足居民的偏好和需求，由此可见，地方公共产品提供的有效主体应该是地方政府。

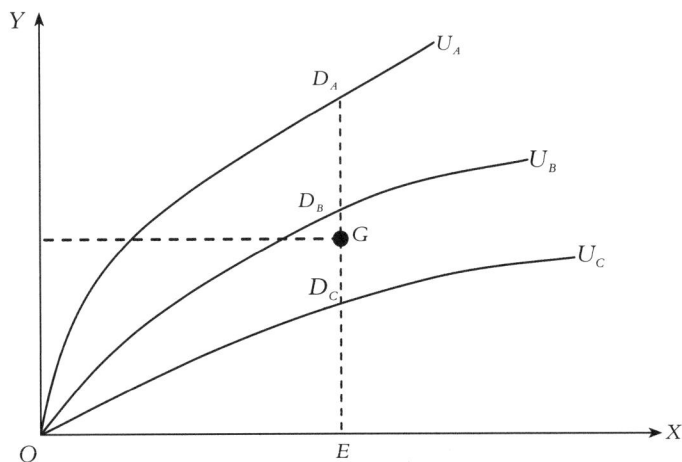

图 3-2　中央和地方政府分别提供地方公共产品的比较

资料来源：孙开. 公共经济学［M］. 武汉：武汉大学出版社，2007.

2）从公平角度对分权的考察

"在一国内部，不同辖区的人们有权选择自己偏好的公共服务种类与数量，但中央政府不能保证做到这一点"（George Stigler，1957），从公平的公民权利角度考虑，公共产品提供的分权化也是必要的。如图3-3所示，为突出社会成员对公共产品的选择性，假设有两个人口子集 A 和 B，每个人口子集对公共产品 X 的需求曲线是相同的，但 A 与 B 对公共产品 X 的需求曲线是不同的，分别用 D_A、D_B 表示，在提供公共产品 X 的人均成本不变的情况下，A 所希望的公共产品 X 的数量是 Q_A，B 所希望的公共产品 X 的数量是 Q_B。

根据奥茨（Wallance E. Oates，1972）的分权定理，中央政府如果对每一个人口子集提供同样多的公共产品 X，对于人口子集 A 来说，公共产品的数量过多，地方居民承担的公共产品提供成本增加，因而遭受到了由 ABC 组成的三角形阴影部分的福利损失；对于 B，提供的公共产品数量不足，有 CDE 部分的福利需求得不到满足。而且这种福利损失的大小取决于各人口子集对公共产品偏好的差异，差异性越大，产生的福利损失就越大，这显然是违背了地方居民的自由意愿，在民主制国家中，也显然是不公平的。

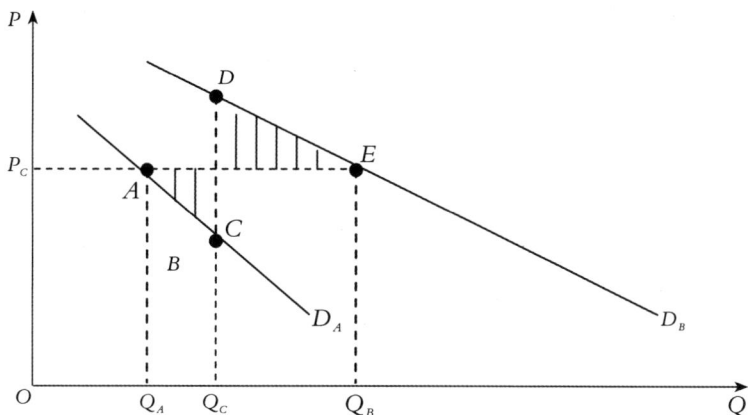

图 3-3　中央统一提供地方公共产品所造成的福利损失

资料来源：张馨. 财政学［M］. 北京：中国人民大学出版社，2002.

3.2.2　公共选择——公共产品最优供给的基础

之所以将公共产品按受益原则，由最低行政水平的政府部门进行提供，是因为地方政府更接近于当地居民，更能了解其愿望和需求。因为公共资源最优配置的前提条件是经济人真实显示个人的偏好，只有达成经济人合意或一致同意才能满足这一前提。因此，公共产品的均衡提供同样需要准确了解社会成员的偏好，而"分散的价格体系不能确定集体消费的最优水平，有必要尝试其他类型的投票机制或信号传递方式"（Paul A. Samuelson，1954）。通过最接近某一公共产品消费范围的政府，用政治手段集结这一范围内社会成员对公共产品的偏好，解决公共产品的提供是目前最佳的方式，公共选择理论就试图从理论上研究这一问题，尽管这一方式在实际操作中的缺陷并不能保证公共产品的最优供给。

1）林达尔均衡——民主财政的决策过程

实际上，早在 19 世纪末 20 世纪初，维克赛尔和林达尔就试图寻找民主政治在决定提供多少公共产品与在社会成员之间安排税收负担时应遵循的原则，将公共产品供给模型同实际的政治决策过程联系起来。

维克赛尔认为，各种公共物品的提供应当通过个别的税收来筹资；为确定到底应提供多少公共物品，需要利用政治和集体选择的过程。具体办法是，让每个人在一开始就明确知道各自可从公共支出项目中得到的好处和需要作出的贡献，然后进行投票，直到有一个全体一致同意的组合被通过为止。如图 3-4 所示，$A_i(i=1,2,\cdots,k)$ 是社会成员 A 的偏好到公共产品——税收空间的映射，$B_i(i=1,2,\cdots,k)$ 为社会成员 B 的偏好映射。空间中的每一个点都在 A 的一条无差异曲线和 B 的无差异曲线上，每一点都体现着每个社会成员在预算约束中所隐含的私人产品的消费量以及公共产品的数量和纳税数额。A 和 B 的无差异曲线的切点集 CC'，是帕累托可能边界映射到公共产品——税收空间的一条契约曲线，契约曲线上的任何一点对于 A 和 B 都是最优的。

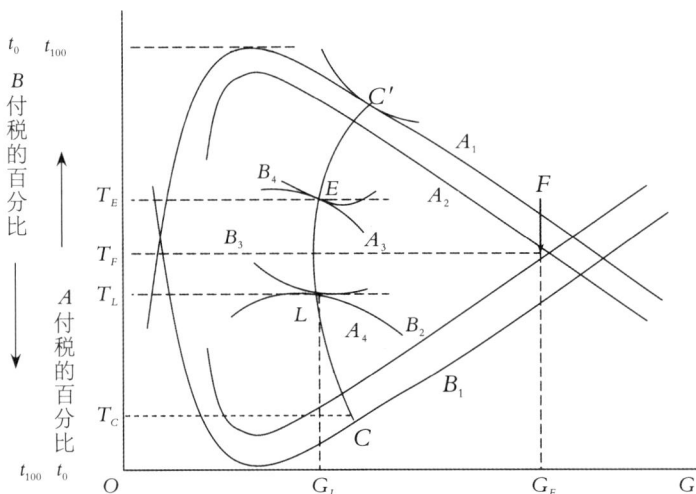

图 3-4 公共产品——税收空间的契约曲线①

资料来源：缪勒. 公共选择理论［M］. 杨春学，等，译. 北京：中国社会科学出版社，1999.

图 3-4 同时解释了民主财政的决策过程，假设除 A 和 B 之外公正的第三人（现实中绝大多数情况下是政府）提出一组税收份额，t_F 和 $1-t_F$，以及所对应的公共产品数量 G_F。如果组合落入了 A_1 和 B_1 所形成的区域内，那么这两个人都愿意接受共同分担公共产品成本的政策，

---

① 林达尔模型可以视作对公共产品供给的虚拟的均衡过程的一种描述。

而不愿意自己独自提供所有的公共产品。如果他们真实反映自己的意愿，那么两人将就此政策投赞成票，此时 F 就成为现时的决策。如果有新的一组税收份额落入 A_2 和 B_2 形成的区域内，人们就会一致偏爱这一组合，而放弃 F，此时，该组合就变成现时政策，并且这种选择组合的过程会持续下去，直到达到 CC' 上的一点，如图 3-4 中的 E 点。但 E 点的税收份额所对应的公共产品数量并不是每个人最优的公共产品数量，在 E 点，A 的最优公共产品数量要比所选择的数量少一些，而 B 的最优公共产品数量要多一些。此时，对于给定的税收份额 t_E 和 $1-t_E$，"每个人被'强迫'消费的并非其最满意的公共产品数量"（Bretton，1974）。只有当两个人的无差异曲线相切于 t 的税收线的同一点时，才意味着人们一致地更偏好于一个给定的公共产品数量而非其他的数量，对于初始选定的 t，如果不存在这样的公共产品的数量，那么就会选择一个新 t，并且重复上述过程。直到找到一个 t，所有人都对公共产品的同一数量投赞同票。在图 3-4 中，最终的均衡发生在 L 点，L 即为林达尔均衡。

2）公共选择——民主财政决策过程的进一步研究

社会成员通过投票，显示自己的真实偏好，由投票结果形成最终一致性的公共预算方案，达到林达尔模型中的均衡点，这就是理想状态下民主财政的决策过程。尽管"一致同意"是理论上唯一能够确定地导出满足帕累托条件的公共产品数量和税额的选择规则，但这种规则却存在两方面的不可操作性：第一，摸索式地寻找契约曲线上的一个点可能要耗费相当长的时间，特别是"在各社会成员的偏好不相同的大型社区里"（James M. Buchanan & Gordon Tullock，1962）。这种对一组帕累托最优赋税额的寻找所造成的时间损失会超过一些人的所得，这些人只要不交税，其所得将超过公共产品给他们带来的净收益。或者一个人如果不确定在不一致规则下，他是否受到"剥削"，那么他很有可能更愿意在不一致规则下接受"妥协"，而不愿意花费更多的时间去要求一致性通过。第二，这种规则鼓励策略行为。如果 A 事先知道 B 为享受公共产品而愿意承担的最大税收额 T_C，那么通过对所有超过 T_C 的税额投否决票，A 就能够迫使 B 达到契约曲线上的 C 点。这样，A 就承担了其可能承担的最小税收份额。如果 B 也有可能采取同样的行为，那么最终的结果将取决于双方讨价还价的能力，讨价还价会进一步延迟协议的达成。因此，包括威克塞尔、布坎南和塔洛克这样最倾向于一致性规则的人，也都认为成本会非常大，以致使这种规则成为不可能。

在现实决策中，出于节约时间成本的考虑，人们总会选择多数通过的规则，"人们权衡通过一项有人反对的提案时所承担的外在成本和决策过程中的时间成本，然后作出最终选择"（James M. Buchanan & Gordon Tullock，1962）。如图 3-5 所示，图中的 K 点表示最优多数，即使外在成本 C 和决策时间成本 D 加在一起达到最小的通过人数。在 K 点上，为了再争取一个人的支持而对提案重新修订所获得的预期效用恰好是这样做产生的预期时间的损失。多数通过规则要求至少有超过半数（$N/2$）的人投赞成票，一项提案才得以通过。原因在于，当不超过一半的投票人就足以通过一项提案时，就会陷入一系列不休止的修订提案的僵局之中。简单多数通过规则的方法包含着通过一种提案只需要可能最小的多数规则，这样可以避免同时通过几个自相矛盾提案的可能性。所以，保证简单多数是实现最优多数的必要条件。

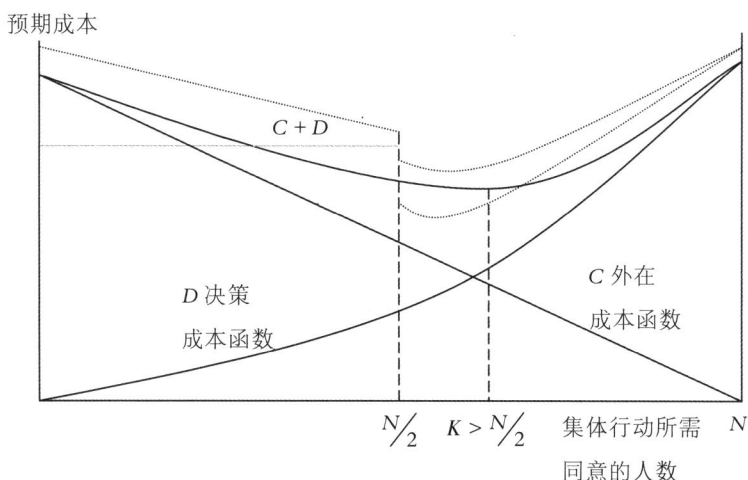

图 3-5　选择最优多数以及支持简单多数为最优多数的必要条件

资料来源：缪勒. 公共选择理论［M］. 杨春学，等，译. 北京：中国社会科学出版社，1999.

当有多个提案时，简单多数表决意味着，将这些方案互相加以比较，并按照传递性公理得出最后的结论。相对多数规则下可能发生的相互矛盾的提案被通过的情况得以避免，但可能会发生另一种典型相互矛盾的结果，即投票循环①。而且，多数通过规则不同于一致性通过规则，任何提案只要不是在全体一致同意的情况下作出的，配置效率和再分配的区别就变得模糊了，已选定的结果势必会让一部分人的处境比选择其他结果时更坏。事实上，一旦一项提案被通过，就存在着一种从处境变坏者到处境变好者的再分配。任何提案的再分配特征都孕育在其通过的程序之中，并且多数通过规则会诱导人们想方设法去结盟或者为了得到再分配的利益去重新提出提案。

3）"以足投票"——对市场机制潜力的进一步发掘

通过对"用手投票"公共选择理论的阐释，可以发现公共产品的供应上存在三个基本问题。一是显示问题，对于公共产品，投票并不是一种完美的偏好显示机制，结果受投票本身技术规则的影响很大。二是社会选择问题，经济学家阿罗曾证明，一般来讲，不存在可以同时满足非专制性、可传递性以及不相关选择的独立性等几方面迫切需要的社会选择机制。三是公共产品的管理，社会成员为选择合适的公共管理者而获取信息的积极性和公共管理者提供公共产品的积极性，要么没有，要么不完全。这三个问题，使得马斯格雷夫（1939）和萨缪尔森（1954）一致认为，通过投票得出的公共产品支出水平不存在"市场解"，即与私人部门相比，在公共部门中有相当比例的国民收入并没有实现最优配置。

蒂布特认为，"尽管马斯格雷夫和萨缪尔森的分析对联邦支出是适用的，但并不适用于地方支出。通过选择社区，居民可以显示出自己的偏好，社区间的竞争就类似于厂商间为了消费者而展开的竞争，对于地方公共产品而言，也可以实现资源的有效配置，达到帕累托最优"（Tiebout，1956）。至少对于那些由地方供应的公共产品而言，如果居民能够在社区之间流动，这三个问题都能被解决。因此，罗纳德·费希

---

① 缪勒. 公共选择理论［M］. 杨春学，等，译. 北京：中国社会科学出版社，1999.

尔（Ronald C. Fisher，1996）也将蒂布特模型称为"迁移下的公共选择"。蒂布特在其"A Pure Theory of Local Expenditures"一文中，得出的最终结论是：对于大量的集体物品或公共产品而言，这一问题的确存在概念上的解。如果双重身份者[1]可以完全流动，他们就能接受适当的、有着固定收入－支出模式的地方政府。如同私人空间经济的一般均衡解一样，如果偏好和资源禀赋既定，这个解就是最优的，而且可解。

尽管蒂布特理论需要严格的前提假设[2]，而且仅仅从理论上作出推理和论证，并未经过经验的检验，但它还是具有巨大的理论意义，对地方公共产品的有效供给提出了一个不同于以往的崭新思路，在满足一系列前提假设的情况下，地方公共产品的供给也同样可利用市场机制以达到均衡。同时，蒂布特理论在一定程度上填补了投票机制的公共选择理论的空缺，引进了"退出"机制，"人们往往离开那些令人不满意的辖区，加入那些能够以低代价关注公众偏好的辖区"，"这种退出做法能够动摇从政者所结成的地区联盟"（布伦诺·S. 弗雷，2002）。因此，在"退出"的威胁下，地方政府要尽力满足当地居民对公共产品的偏好，当然前提是所辖地区的社会成员拥有相应的决策权力。

3.2.3　政府间财政支出权力的具体划分

各级政府依据公共产品的层次性划分财政支出权力需要遵循一定的原则，现结合美国现行的财政联邦制对政府间财政支出权力的划分进行大致说明。

1）中央与地方政府财政支出权力的划分原则

根据公共产品的层次性及受益范围来划分，中央政府提供的是那些全国性的所有社会成员都受益的产品和服务，而地方政府提供的则是在地理上可以分割的产品和服务，受益对象是地方居民，因为来自某种公共服务的利益越是集中和可以分割，通过某个小的政府单位来执行这种

---

① 双重身份者是指对公共产品具有消费者和投票者双重身份的人。
② 前提假设包括：双重身份者能充分流动，对收入——支出模式的差异掌握完全信息，有足够多的社区可选择，不考虑就业的限制，各社区间不存在公共产品的外部性，每一社区都是根据原有住户的偏好来设定的，以社区的最优规模为标准决定社区成员数。

服务的好处也就越大。"各级政府之间有效的职责划分取决于公共行动溢出效应地理范围的大小"（James M. Buchanan，1987），这也是在经济理论层面上取得共识的划分政府间财政支出权力的第一个原则，即公共产品受益范围原则①。出于经济有效性的目的，各级政府间的财政支出权力按照公共产品提供的层次性划分在理论上是可行的。但在实践中，遵循公共产品受益原则的同时，还存在着几个主要的制约条件，单纯依靠公共产品层次性原则对政府间权力进行划分是远远不够的。

第二个原则是政府结构适当规模原则。政府结构是政府间财政关系的承载体，各级政府是作出财政支出决策的基本单位。地方政府所辖区域越大，区域管理的人数越多，就意味着作出地方民主决策的成本越大，因为 10 个人总比 100 个人更容易达成协议。所以，适当规模的政府单位并不能像公共产品外在性的整个范围所表明的那样大。另外，就任何两项财政支出而论，消费的外在性范围并不需要而且也可能不会是相同的。对于辖区内最重要的财政支出权力来说，地方政府规模从组织成本方面看，如果被证明是有理由的，那么对于次要的财政支出权力而言，这种组织规模就不一定是"最有效的"。因此，在划分政府间财政支出权力时，要将政府结构"有效组织"所需的成本与公共产品提供的有效性相结合，确定各级政府的财政支出权力。

第三个原则是溢出效应的重要性原则。公共产品消费的外在性范围并不总是能够精确地确定的，例如典型的教育问题，来自教育服务的"公共性"会随着人口的迁移将受益范围扩大到全国人口中，在各地理区域间的移民会使其他单位的教育支出产生"溢入"效益。再比如对部分地区环境的治理，直接受益者是当地的居民，但从长期来看，是关乎全社会生存环境的大事。在此种情况下，地方政府财政支出所产生的国民利益程度（即全部社会成员的利益）就是划分中央和地方政府财政支出权力的一个重要依据。当没有一个有效的地方政府来履行那些其外在性扩展到地区边界之外的职能时，由中央政府采取措施就是必要的，但中央政府会在多大程度上行使这种财政支出权力，就取决于对溢出效应

---

① 由巴斯特布尔（C. F. Bastable）提出的关于中央与地方政府支出责任划分三项原则，即受益原则、行动原则以及技术原则。

重要性的评价，以及这些效应同各级政府组织财政支出成本的比较。

2）政府间财政支出权力的具体划分

尽管在财政联邦制最完善的美国，现有的政府间财政支出权力划分也不完全是由于经济原因形成的，联邦制所涉及的问题已超出了经济学的范畴，但是在构建财政体制的根本制度方面，从经济层面考虑进行划分显然是非常重要的。

根据政府间财政支出权力划分的三个原则，中央政府的财政支出权力是以全国性公共产品为基础，结合溢出效应的重要性原则而进行界定的，包括全国范围内的社会成员都受益的全国性公共产品，具有区域外溢性的无法由地方政府单独提供的公共产品，涉及国家战略的重点工程及服务项目等。以美国为例，国防、邮政服务、社会保障和医疗保险、住房的公共支出与社区服务都属于联邦项目，几乎全部由联邦政府负责筹措并提供财政资金。退伍军人的福利也几乎全部由联邦政府负责，自然资源的绝大部分也是如此，州和地方政府只负责很小的份额。相对于全国性公共产品而言，地方性公共产品是由地方各级政府提供的，并且为本地区居民所享用的公共产品。在美国，失业救济、高速公路属于州政府的项目，火灾消防、排水完全由地方政府负责，公共福利、教育、监察和监狱基本上由州和地方政府共同负责，但分担比例不完全相同。

在这种财政支出权力的划分当中，普遍存在政府间权力的交叉，即使是由联邦政府负责筹措财政资金的项目，筹集额度往往也不是100%的。原因在：第一，"政府间关系最复杂的问题之一，就是在相当广泛的区域内具有很大的溢出效应或外在效应的地方公共服务问题"（James M. Buchanan，1987）。对于这种具有外溢性的地方公共产品提供，单靠地方政府独立承担的话，就会出现类似于市场上个人"搭便车"的现象，地方政府之间也会互相推诿，所以，相对于无外溢性的公共产品，具有外在效应的地方公共产品的界限很难划定，各级政府间财政支出权力的交叉就在所难免。第二，中央与地方政府之间的关系错综复杂，在总的财政支出权力划分下，还涉及各级政府间决策、筹资、管理的具体分工。有些公共项目和服务，尽管确定为中央政府的财政支出权力，但在执行和管理的过程中，授权给地方政府也许更为有效。中央政府负责筹资并将执行权授权给地方政府，在有些情况下，地方政府对于如何履行授权有很大的自由，但如果中央政府强制规定了项目和服务的所有标准，地方政府就只是负责执行和管理。这其中就涉及政府间的转移支付问题，通过将财政资金转移，使之与上级政府委托下放的财政支出权力相匹配。另外，各国在划分财政支出权力的实践中，往往还会根据非经济性的其他因素进行划分，例如传统习惯、政府组织结构等。尽管政府间的财政支出权力划分是很复杂的，但在市场经济的大环境下，依据公共产品理论和国际上通行的规则，国家各级政府间财政支出权力的划分还是有一定规律可循的，如表 3-2 所示。

表 3-2   中央政府与地方政府财政支出权力划分的基本框架

内容	责任归属	理由
国防、外交	中央	全国性公共产品和服务
金融与银行政策	中央	全国性公共产品和服务
国际贸易、管制地区间贸易	中央	全国性公共产品和服务
对个人的福利补贴	中央、地方（省、州）	收入重新分配、地区性服务
失业保险	中央、地方（省、州）	收入重新分配、地区性服务
全国性交通	中央、地方	全国性公共服务、溢出效应
地区性交通	地方	地方性服务
环境保护	省、州级地方、中央	地区性服务、溢出效应
对工业、农业、科研的支持	地方、中央	地区性服务、溢出效应
教育、卫生、公共住宅	地方、中央	地区性服务、溢出效应
供水、下水道、垃圾处理	地方	地区性服务
警察、消防	地方	地区性服务
公园、娱乐设施	地方	地区性服务

资料来源：马骏. 论转移支付 [M]. 北京：中国财政经济出版社，1998.

3.3　与支出相匹配的政府间财政收入权力的界定

在市场经济条件下，绝大部分国家是以税收作为主要的财政资金来源，所以，在与财政支出相匹配的政府间财政收入权力界定的过程中，仅以一国的税收收入权力作为主要的研究对象，而不涉及非税收入权力在政府间的划分。税收收入权力的划分是在一国既定的税制结构框架中进行的，因此，在研究税收权力划分前，要分析一国的税制结构。在此基础上，根据各级政府的财政支出权力，对税制结构内的税收权力进行相应的划分。

3.3.1　税制结构的模式

税制结构[①]模式，也被称作税种结构模式，是指实行复合税制体系的国家，根据本国具体的情况，选择主体税种，将不同功能的税种进行组合配置，形成主体税种明确、辅助税种各具特点以及作用、功能互补的税种体系（邓子基，1999）。税种组合配置的总体功能不等于单个税种功能的简单相加，各个税种之间会产生包括收入征集、资源配置以及收入再分配方面的相互影响，如果各税种之间布局优化、相互协调的话，总体功能将大于单个税种功能之和。根据不同的主体税种设置，国际上通行的税制结构可以分为以流转税为主体税种以及以所得税为主体税种的两种结构。

以流转税为主体税种的税制结构。流转税又称为间接税，大致包括增值税、消费税、营业税、关税等税种，它通常被定义为对商品以及劳务生产与交易过程当中的流转额和非商品流转额课征的税收。以流转税为主体税种的优势在于，流转税的税源相对稳定，比较容易稽征与管理，而且征收具有隐蔽性，政府进行税收调整的阻力较小，但流转税的缺陷在于它的累退性以及税负的可转嫁性。流转税在调节经济方面的突出特点是定向性的控制、调节功效较强，是政府干预商品生产和商品流

---

① 税制结构是指一国的税收制度是由哪些税种所组成的，各个税种在税收制度中的地位和作用以及各个税种之间的相互关系（张复英，1993）。

通，达到特定政策目的的有效手段之一。"从世界大多数国家的实践来看，在流转税税制内部，各税种之间的协调已经形成了一种大体相同的模式，即关税主要用于保护本国工业，消费税主要用于调节资源配置和再分配（对奢侈品征高税，对必需品征低税），销售税尤其是作为其主流形式的增值税主要用于取得财政收入，而对于资源配置则日益具有中性化的趋势"（王雍君，1995）。

以所得税为主体税种的税制结构。所得税的税收负担因为不能够转嫁，又被称为直接税[①]。所得税的优势在于，税收负担明确，不易转嫁，并且具有累进性，有利于公平目标的实现；所得税的税收弹性比较大，是一种能够减少各种干扰对国民收入冲击的"自动稳定器"，但是税基容易受到经济周期波动和效益状况的影响，很难保证政府财政收入的稳定性。而在促进社会资源的有效配置方面，所得税的效率特征在税收理论中存在相反的结论：一方面由于理论上所得税只对消费产生收入效应，与间接税直接改变商品价格，改变消费者和厂商的市场选择不同，不会对市场的分散决策产生影响；但另一方面，所得税以纳税主体的收入作为课税依据，累进程度高的所得税会改变纳税人工作、储蓄以及投资的决策，从这个角度看，所得税又严重影响了资源配置的效率。

由于流转税和所得税在收入征集方面存在着此消彼长的关系，所以在国际税收实践中，很少有国家将这两个税种同时作为主体税种。以所得税为主体税种的发达国家在二十世纪八九十年代开始意识到所得税比重过高所带来的缺陷，力图通过增加增值税为代表的流转税比重，减少对所得税的依赖。而发展中国家都以流转税为主体税种，随着经济的发展，所得税的比重开始呈逐渐上升的趋势，但在相当长的时间内，为了稳定财政收入，发展中国家一般不会为了增加所得税的比重而刻意地削减流转税。

除经济效率方面的因素，经济发展水平、国家政策导向以及政治、传统习惯都影响着一国的税制结构（邓子基，2000）：（1）经济发展水

---

① 直接税包括个人所得税、企业所得税、社会保障税、财产税、遗产与赠与税等，直接税中的大部分税种为所得税，财产类课税所占的比重很小。

平。在经济发展的不同阶段，国家所能控制的"税收把柄"①也是不同的。在农业社会，主要以土地为对象的财产税可以较为有利的发挥聚财作用。随着经济水平的提高，进入到商品经济时代，一国的商品化程度相应提高，商品交换不断活跃，对商品的流转环节征收税款就逐渐演变成了主要的征税行为。而人均 GDP 的提高以及公司实力的壮大、职工就业公司化以及电子化的推行，为收入成为主要的新税源提供了前提条件，所得税又成为大多数发达国家的主体税种。（2）国家政策导向。税收是国家为提供公共产品获取收入的主要手段，同时也是进行宏观经济调控的重要工具。如果仅从保证市场效率的角度出发，根据福利经济学第二基本定理，在完备市场的前提下，只有归总税②这一种税收工具是中性的，对市场分散的决策行为不会产生扭曲。但实践中，税收政策的目标是多方面的，从宏观层面看，包括促进充分就业和经济增长，微观层面则要做到公平和效率的契合，所以，面对各种市场失灵以及国家不同阶段的政策导向，各国正是利用了不同税种对经济行为产生的收入以及替代效应，来达到预期的经济和社会效果。（3）政治及传统习惯。亚当·斯密曾指出，"什么捐税能够在人民最不知不觉的情况下征取，便是最可取的捐税"。从本质上说，税收是利益的一次重新分配，不同的税种，由于其课征对象不同，课征力度不同，会对不同的利益群体产生不同的影响。如果税收造成各利益群体的利益相对失衡，必然会引发抵制和反抗等负面阻力。在传统习惯上，如果新的税种与社会成员的习惯相背离，也会产生反感和抵触的情绪。

3.3.2　政府间税收权力划分原则

在既定的税制结构框架下，根据各级政府的支出权力，需要将税收权力进行一定的划分，力图使各级政府的收入与其财政支出权力相匹配，提高政府管理公共事务、提供公共产品的效率，这也是财政联邦制

① 所谓"税收把柄"是指税收管理机构对某些特别税基征税的能力。随着经济的发展，更多的税基和税收把柄变得可利用了，使决策者在确定一国的税制结构时有了更大的选择空间。

② 在纯粹的意义上，可以把归总税理解为不管个人收入多少以及消费什么、何时消费，只要个人出现在税收管辖权之下，就都无从回避的一种税收，例如不考虑个人之间福利状况差异的人头税（head tax 或 poll tax）。

又被称为分税制的原因。

西方的相关学者对政府间税收权力划分从不同角度提出过不同的原则标准，马斯格雷夫和罗宾·鲍德威从经济学的角度考察了政府间税收划分的原则。美国的著名财政学家马斯格雷夫（Richard A. Musgrave）在其财政三大职能的思想前提下，即为政府实现资源配置的效率目标、收入再分配的公平目标以及宏观调控的经济目标而提出了政府间税收划分的七项原则：（1）由于收入再分配应由中央政府在全国范围内进行调节，所以以收入再分配为目标的累进税应划归中央政府；（2）稳定经济是全国性的公共服务，应由中央执行，所以具备稳定经济作用的税收应划归中央，而具有收入稳定性的税收应归属地方；（3）地区间分布不均的税源应划归中央，以免引起地区间财政能力的过大差异；（4）对于流动性生产要素的课征最好划归中央，否则会扭曲资源在地区间的优化配置；（5）而依附于居住地的税收划归地方较适合；（6）课征于非流动性生产要素的税收最好划归地方；（7）受益性税收以及收费对各级政府都适用。这些原则的提出反映了市场经济下政府财政职能的要求，体现了税种的设立和政府间税收的划分应该有利于各级政府财政职能的履行以及各级政府目标的实现。

世界银行家罗宾·鲍德威（Robin Boadway）在考察了多国的税收体制实践之后，提出了六条关于政府间收入划分的指导性建议：（1）所得税关系到全社会的公平，应划归中央所有；（2）为保证全国统一市场的形成和资源在全国范围内的自由流动和优化配置，与此相关的资本税、财产转移税也应该划归中央；（3）对资源课税涉及公平与效率目标的权衡，应由中央与地方共享；（4）具有非流动性特征的税收是地方所辖政府收入的理想来源；（5）作为受益性税收的社会保障税，可由中央和地方协同征收管理；（6）多环节征收的增值税、销售税应划归中央，单一销售税、零售税等较适宜划归地方。鲍德威的六原则是针对实践中的具体税种提出划分方法，但基本上也符合马斯格雷夫从政府三项财政职能的角度对政府间收入的划分。

加拿大学者杰克·M.明孜（Jack M. Mintz）主要从行政管理的可操作性和效率性角度提出了政府间收入划分的五个原则：（1）效率原

则，税收划分要尽量减少对资源配置的影响；（2）简化原则，税制应尽量简化，便于纳税人理解和执行，从而提高税收行政效率；（3）灵活标准，税收的划分要有利于各级政府灵活地运用，包括预算支出、税收补贴等措施在内的政策工具；（4）责任标准，各级政府的支出与税收的责任关系应相协调；（5）公平标准，要使全国各地区间的税种结构、税基、税率大体上平衡，即各地居民的税负应平衡。

3.3.3 政府间税收权力的具体划分

财政联邦制中政府间税收的划分，实质上是对税收权力的划分与协调运用。一般认为，税权包括税收立法权、税收征管权和税收政策制定权三方面内容。税收立法权划分本身属于法权的划分，而后两者权限的划分则属于行政管理权限的划分。"分税制的本质在于划分税权，完善的分税制要求中央政府和地方政府根据自己的事权自主地决定所辖的税种"（邓子基，2007）。财政联邦制中的分税制本质上要求不同层级的政府都具有税收立法主体的地位和资格，如果不具备此种法律主体的地位和资格，不能独立地进行税收立法，分税制就失去了真正的内涵，就变成了一种变相的收入分成和税收分级管理的"财政体制原则论"①办法，无法与地方自主提供公共产品的财政支出权力相适应。

税收立法权是指立法机关制定、修改、补充、解释和废止税收法律规范，配置、调整税收资源，明确涉税主体各方（税务机关、纳税人及其他税务当事人）权力（利）义务关系，实现国家税收职能作用的权力（许善达，2003）。其表现形式主要包括税法的初创权、税法的修改权和解释权、税法的废止权，其中尤为重要的是税种的开征权与停征权、税目的确定权和税率的调整权、税收优惠的确定权等（张守文，2000）。财政联邦制理论上要求将税收立法权在各级政府间进行相应的划分，以保证各级政府（尤其是地方政府）在自主提供地方公共产品时所需收入的匹配程度。一般说来，税收立法权及其他税收权限的划分主要取决于税制结构框架内各税种的性质，而税种的性质往往从两方面的需要进行

---

① 张馨. 论中西方财政体制基本理论之差异 [J]. 财政研究，1993（4）.

考量：一方面是税收收入的需要；另一方面是税收调节的需要（马国强，1991）。凡是税基广泛、课税对象具有高流动性、关系到宏观经济运行的税种都适合作为中央税，与之相关的一系列税收权限也都应归中央所掌握；课税对象不具有流动性，而且税源是稳定的，一般可以由地方政府根据实际情况决定是否开征，具体的税目和税率，相应的征收管理权、税款支配权以及税收调整权也都由地方政府支配。以美国为代表的典型财政联邦制，其联邦、州和地方三级政权均各自行使归属于本级的税收权力，包括税收立法权、解释权、开停征权、调整权和优惠权等，因而形成了统一的联邦税收制度与有差别的州和地方税收制度并存的特定格局。这种税收权力的划分有助于保证各级政府财政（尤其是地方政府财政）自主组织和支配财政资金，但同时也对各种税权之间的相互协调和衔接提出了相当高的要求，正如在前面所论述的一国的税制结构需要各个税种协调配合，否则将很可能对整体的经济运行产生负面效应。所以，美国宪法同时也规定，联邦法律（包括税法）高于州和地方法律，这就意味着，当地方政府的自主税权和相应的政策与中央政府的宏观政策产生矛盾时，应以中央政府的政策主导性为重。

税收权力，尤其是税收立法权如何在政府间划分意味着一国税收体系集分权的程度。通过对国际上多级政府间税收权限的考察，可以得出"各主要西方发达国家都极为重视集权与分权的有机结合"这样一个结论[①]。也就是说，无论是联邦制国家还是单一制国家，在税收立法权的划分方面都逐渐开始摆脱国体的束缚，结合本国的政治、经济发展水平，适时的对集分权的程度进行平衡和调整。

3.4 财政权力结构的协调与政府间转移支付

尽管财政联邦制是建立在研究地方公共产品提供基础上的，强调的是地方各级财政预算的自求平衡，但作为一个统一的国家整体，从效率和公平两个角度，都需要中央政府对各地方政府的财政收支进行必要的

---

① 齐志宏. 西方发达国家多级政府间税收权限与税收范围划分的比较分析 [J]. 税务研究，2002（1）.

协调，以确保财政权力结构整体功能的发挥。"如果政府的资金转移是允许的，而且征税的单位不必是使用公共资金的同一单位，那么财政能力的问题就可以通过在各个政府单位间的补助制度得以解决"（James M. Buchanan，1987）。

3.4.1 政府间转移支付的理论依据

在市场经济财政权力结构运行中，财政的转移支付[①]已经成为中央政府对地方政府实行宏观调控、弥补地方政府财政资金缺口、解决地区间外部性问题、实现统一标准的"国民利益"、均衡化各地财政水平的有效手段。从地方政府的角度看，"州政府从联邦政府得到的财政援助金，以及地方政府从州政府得到的财政援助金，乃是这两级政府的重要收入来源"（Paul A. Samuelson，1992）。

1）弥补地方政府财政资金缺口

财政资金缺口是指不同政府之间各自的财政收入与行使财政支出权力所需资金之间的不相等，也称作财政纵向非均衡（Fiscal Vertical Imbalance），它反映出一级政府自身支出权力和收入权力之间的结构性失衡。造成这种失衡的原因是多方面的，从支出角度来看，人们对公共服务的需求是不断变化的，而地方政府所承担的交通治安、基础设施建设等需求又是不断增长的，作为地方主要财源的地方税收的自然增长无法与这种带有很强烈价值判断性质的支出增长相一致，从而造成了地方政府财政资金的缺口。从收入的角度看，税收收入的多少取决于税种的税基和税率，一般而言，以流动性大的生产要素为税基的税种都由中央政府来征收，同时，服务于收入分配和经济稳定职能的税种也归属于中央政府，所以，在现实经济中，一般只有一些税基小的零星小税种如财产税才归地方政府所有。而且，即使地方拥有一定程度的税收立法权，在扩大税收收入方面的力量也是很有限的，原因在于很难找到适合于地方政府征收的税种。"鉴于更有效的税收和债务工具划分给中央政府，而地方政府在满足社会成员的偏好以及资源配置方面具有不可替代的潜

---

① 本书所讨论的政府间转移支付，主要是中央与地方之间的纵向转移支付，对其他形式的转移支付不予以讨论。

力，要将这一潜力变为现实，中央政府必须缓解地方收入来源与其需求不相配套的状况"（寇铁军，1996）。

2）解决地区间外部性问题

地方政府提供的某些公共服务会超出其管辖范围而扩散到邻近的其他区域，从而使其他地区的居民在不承担任何费用的情况下，就能同样获益，这时便产生了公共产品的地区间外部性（外部经济）[①]问题。这种成本和受益的不对等性，使得此类公共产品很难由单个地方政府充分提供，例如高速公路、电网、生态环境等。解决地区间外部性问题的关键是要把外部效应地区内部化，从理论上讲，一种办法是重新调整各地方政府管辖的范围从而使辖区面积与公共产品所覆盖的受益范围相同，即达到奥茨所称的"完全一致"（Perfect Correspondence），但由于辖区划分的多因素性以及地方公共产品外部效应的多样性，使得这种理论上的解决办法并不可行。而另一种办法就是从外部效应的原理出发，"将转移支付作为矫正地方政府提供公共产品过程中可能出现的行为扭曲现象的一种手段"（孙开，1994）。中央政府以财政转移支付的方式对地方政府提供的具有外部性的公共产品进行成本补贴，使公共产品的成本和受益相对等，从而保证此类公共产品供给量的充足。

3）实现统一标准的"国民利益"

从公平的角度来看，"任何国家都有责任消除由贫困引发的对人们基本可行能力的剥夺以及权利上的不平等"（Amartya Sen，2001），社会成员无论生活在一个国家的什么地方，其最基本的生存条件必须得到满足，即每个社会成员都有权利享有统一的最低标准的"国民利益"。但各个地区的自然禀赋以及经济发展水平往往呈现出一定的差异性，财政能力差的地区也许无法实现最低标准的"国民利益"，这就需要中央政府确定统一标准，并对低于此标准的地区实行财政补助。当然这种"国民利益"的内容和水平取决于各国的经济发展水平、文化传统以及人们的价值判断，但在市场经济环境下，社会保障、公共卫生、基础教育被普遍认为是这类服务的典型例子。

---

① 外部性分为外部经济和外部不经济两个方面，转移支付实际上是一种财政补贴，更多的是用来解决外部经济问题，外部不经济往往是通过管制或处罚的手段更加有效。

4) 均衡化各地财政能力

财政能力是指地方政府满足本地公共支出需要的能力。由于各地经济发展水平的差异性，财源分配不均，征税能力不同，而且某些地区还可能存在公共支出的高额成本及费用因素（如自然条件恶劣、人口老龄化严重等），客观上必然会造成各地财政能力的强弱不同。布坎南认为，同样状况的人的同等财政待遇，不仅包括马斯格雷夫所指出税收负担的公平性（即同等状况的人应承担同等的税负），同时也应该考虑支出方面，应该把人们从财政提供的公共产品和服务中享受到的利益和付出的代价一并考虑。由此，布坎南提出了净财政剩余[①]（NFR，Net Fiscal Residuum）的概念来衡量横向财政公平[②]，并首次提出了"均衡化"各地财政能力的政策目标。尽管布坎南认为由中央政府通过实行地理歧视税率的中央所得税来保证净财政剩余相等的最优方法在实践中并不可行，但布坎南同时也提出了次优的解决办法，即实行一种旨在使州际居住地收益均衡化的转移支付机制，也就是"横向公平均等化"[③]（HEE，Horizontal Equity Equalization）的转移支付。

3.4.2 政府间转移支付的方式及效应

转移支付一般分为无条件的转移支付和有条件的转移支付（又分为配套性转移支付或专项转移支付），这两种不同的形式对接受拨款地方政府地区性的公共产品以及私人产品的供求会产生不同的效应。所以，根据转移支付原因及目标的不同，中央政府一般会采用不同的转移支付方式。当然，中央政府在确定转移支付方式方面是处于主动地位的，而且要按照复杂的公式，充分考虑接受补助地方的人均收入、城市人口规模、自然条件以及税收征集情况等一系列因素来分配拨款。

1) 无条件转移支付（Unconditional Transfer）。无条件转移支付也称为一般性转移支付（General Transfer）是指中央对财政补助的使用没有任何限制，实质上是增加了地方政府的自主财力。一方面，"无条件

---

① 净财政剩余是指特定的个体所得到的公共服务的价值和所支付的税收之间的差额。
② "横向财政公平"是指任何两个在没有公共部门的情况下福利水平完全相同的人，在公共部门介入后仍拥有相同的福利水平。
③ 布坎南也承认，许多技术性的问题使公平原则精确应用于真实世界是极端困难的，但不应阻止它作为政府间财政政策的一个恰当的标准。

转移支付能够改善地方政府提供公共服务的效率，而这种效率来源于中央政府均衡化各地方政府财政能力的效率收益"（James M. Buchanan，1987），即中央为实现财政均衡化的目标，一般会根据各地方的标准财政收支等客观因素测算，采用无条件转移支付的方式对地方政府进行补助；另一方面，无条件转移支付还用于弥补地方政府财力缺口，其中重点考虑的一个因素就是地方政府的"税收努力"（Tax-Effort）程度，即征税额与税收能力之比，其核心思想是已经尽力征集税收但仍然不能达到财政平衡的州或地方才可能得到联邦财政的转移支付，这种转移支付又被称为努力相关性拨款。

无条件转移支付在影响接受补助地区公共产品供给的同时，也对私人产品的供求产生影响，这种转移支付的效应如图 3-6 所示。图中 AA' 为该地方原有的预算约束线，代表着各种可行的地方性的公共产品和私人产品的组合。AA' 与无差异曲线 I[①]相切于 E_A 点，此时，该地区消费的公共产品数量为 OD。私人产品数量为 OC，当地居民用 CA 数量的私人产品换取了 OD 数量公共产品的消费，即相当于政府对其课以 CA 数量的税收，税率为 CA/OA。当中央的一笔无条件转移支付（补助额等于 AB，全部用私人产品来表示）进入地方本级预算并被使用后，由于没有规定具体的用途，相当于地方总收入的增加，于是地方的预算线向右上方平移至 BB'，并与无差异曲线 II 相切于 E_B。此时，公共产品的消费量从 OD 增加至 OF，私人产品的消费量也由 OC 增加至 OE，这说明部分补助进入了私人产品的生产和消费领域，当 E_B 位于 MN 之间，E_B 越靠近 N，补助对公共产品消费的刺激就越大，E_B 越靠近 M，则对私人产品的消费刺激越大。从图 3-6 可以看出，获得转移支付后，私人支付的税款就从 CA 降低到 EA，税率也从 CA/OA 降低到 EA/OA，所以地方政府在获得财政补助的同时减少税收使得部分补助转移给了地方居民，从而影响到私人产品的供给。

---

① 这里选取的是地方或称作社区无差异曲线，不同的学者对什么人的偏好代表社区无差异曲线存在分歧，例如瓦尔特（Wilde）认为它反映的是接受补助地方政府决策当局的偏好，鲁梅（Romer）和鲁圣泰尔（Rosenthal）则认为它反映的是中位数选民的偏好，而在波特威（Boadway）那里，它代表的是全部选民的偏好，实质上这取决于公共选择的过程。

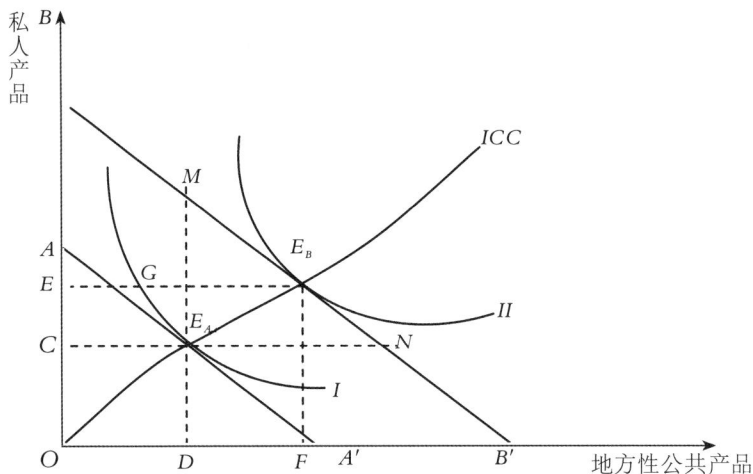

图 3-6　无条件转移支付的效应分析

资料来源：孙开．政府间财政关系研究［M］．大连：东北财经大学出版社，1994.

2）有条件转移支付（Conditional Transfer）

有条件转移支付也称为专项转移支付，目的在于贯彻中央的政策意图、鼓励各地方政府扩大特定公共服务的供给，这些资金必须按中央政府规定的方式使用。有条件转移支付特别适用于解决地区间的外部性问题以及保证各地区的公共服务水平达到全国统一标准的"国民利益"。

在限定资金使用方向而且地方辖区内居民的消费偏好不变的条件下，专项转移支付的效应可以用图 3-7 来表示。专项转移支付一般要用于特定的公共项目，所以当中央给予地方政府一笔财政补助之后，地方的预算线就以 A 为轴心由 AA′ 向外旋转到 AB，均衡点则由 E_A 移至 E_B，此时，接受补助的地方性公共产品的消费比过去增加了 DN，由于专项转移支付是针对特定的公共产品，所以财政补助增加导致的预算线外移只表示受补助公共产品数量的增加，并不意味着私人产品和其他公共产品的大量增加。

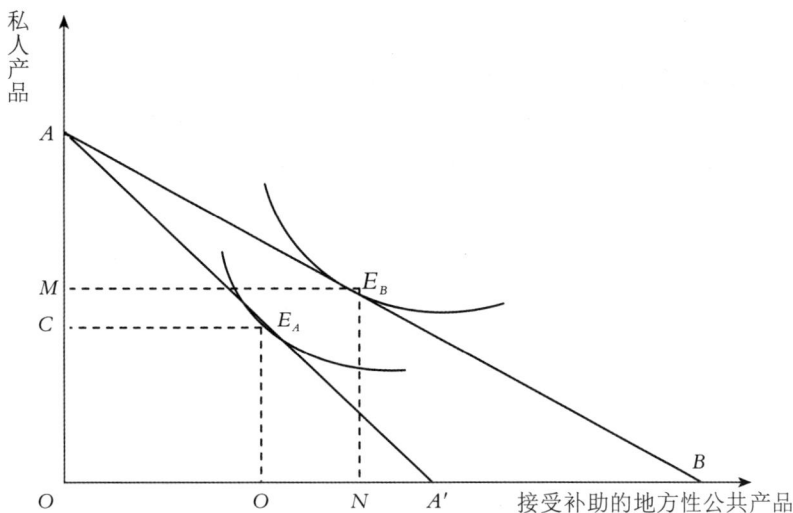

图 3-7　有条件（专项）转移支付的效应分析

资料来源：寇铁军. 中央与地方财政关系研究［M］. 大连：东北财经大学出版社，1996.

在有条件转移支付中，根据是否要求受补助地方政府提供"配套资金"，又分为配套性（Matching Transfer）和非配套性（Non-Matching Transfer）两种有条件转移支付。配套性转移支付，要求地方政府在得到中央补助的同时，也要保证相应比例或数额的配套资金，因此也称为百分比拨款（Percentage Grant），但是"由于配合拨款的影响，各州和地方政府单位也许会忽略其他的公共需要，以把它们自身的税收收入用于能够满足联邦补贴限制条件的领域"（James M. Buchanan，1987），这也就意味着，地方接受中央的配套性转移支付是要付出一定的"代价"的。非配套性转移支付则不要求地方在接受中央的转移支付的同时，提供相应的配套资金，但也必须用于指定的项目。与配套性转移支付相比，非配套性转移支付的条件要相对宽松得多，而且在增加特定公共项目供给的同时，不会影响到地方政府对其他公共项目供给资金的使用。

通过对无条件和有条件转移支付的效应对比分析，可以看出，尽管有条件的补助和等额的无条件补助对地方政府而言，所得到的补助额是一样的，但对某个具体的公共项目的支出效应是不同的，即瓦尔特（Wilde·J. A）所谓的"偏离效应"（deflective effect）。也正是由于这种

"偏离效应"，使得提供补助者更倾向于提供有条件的财政补助，从而更好地体现其政策意图，而受补者则更希望获得无条件的财政补助，提高资金使用的自主性。而配套性转移支付与非配套性转移支付相比，前者需要地方政府具备一定的配套能力，加大了地方政府接受上级转移支付的难度。

4 我国财政权力结构的理论基础及演化路径

不同于西方市场经济的自发形成过程[1]，"中国文化停滞不进，社会历久鲜变一点"（梁漱溟，1949），中国社会缺少的恰恰就是对西方社会的现代化形成起至关重要作用的工业革命以及两个世纪之久的市场经济发育成熟过程，可以说，中国社会的发展演化出现了严重的断层[2]。所以，对于结束了自1840年以来的百年战乱建立起来的中华人民共和国，无论是经济制度、政治制度还是与之相关的一系列理论和政策都无根基可寻，而急须作出一个"主观选择"[3]。由于各种历史因素和现实因素，中华人民共和国的建立和发展一直以马克思主义为指导，并选择了以中央政府为决策主体的计划经济体制，即国家掌握了几乎全部的社会权力（$Y = \varepsilon A^a B^b$，且 a 远大于 b），建立了与曼瑟·奥尔森所称的"所有

---

① 根据希克斯对西方社会史的考察，人类历史是一个单一的过程——具有可认识的趋势（至少到目前为止），即从习俗经济、指令经济再到市场经济的演化。

② 著名的"李约瑟之谜"也说明中国相对于西方社会，的确存在着文化上的断层，但究其原因，还没有定论。

③ 马克斯·韦伯有一个很核心的历史观：人类在某种特定的区域，由于某种偶然的原因会选择某种制度，这种原因有时候和生产力有关系，有时候却毫无关系。

者国家"（Owner-State）相类似的财政权力结构。也正是在这种财政权力结构的基础上，形成了与其相适应的中国特有的"国家分配论"以及财政权力结构构建的原则论。在之后的发展中，西方的公共财政理论对我国的财政理论产生了很大的影响，财政学者借鉴西方财政权力结构的构建依据对我国权力结构中存在的问题也提出了相应的解决办法，但实践中，我国财政权力结构构建的"原则论"并没有发生根本性的变化。

本书第 2 章建立的模型基本描述了我国财政权力结构的现实演化路径。实践的发展证明，"对于现代化的工业经济来说，计划是完全无法进行核算的"，"在全面计划的国家里，国家一项行为的低效率，都会被放大千倍"（穆雷·罗斯巴德，1972）。20 世纪 80 年代启动的改革开放，政府将掌握的部分权力进行释放，逐渐承认并肯定市场权力的存在（a 变小，b 变大），地方政府的财政权力也开始得到重视（d 也逐渐变大），我国的财政权力结构随之发生变化。可以说，"20 多年的中国社会发展一直围绕着一个十分现实的主题展开，即如何借助权力关系的变化和调整来促进体制变革，同时又如何通过体制的变革和创新来规范变化的权力关系"（林尚立，2001）。

4.1　我国的财政理论基础："国家分配论"

在熊彼特看来，社会主义的定义为：不是由私人经营的企业，而是由公共权力机关控制生产资料，决定怎样生产，生产什么，谁该得到什么东西的那种社会组织（约瑟夫·熊彼特，1999）。正是在国家为权力主体的社会系统中，"国家分配论"才得以产生和发展。社会主义"国家分配论"是我国老一辈的财政理论工作者在计划经济体制下，批判与继承苏联"货币关系论"的产物，因而这是中国特有的财政本质，由此也构成了有着鲜明特色的中国财政理论。

4.1.1　"国家分配论"的产生和发展

中华人民共和国成立初期，我国面临着建设与新社会经济制度相适应并直接以马克思主义为指导来构建新财政模式及其理论的任务。1951

年，丁方和罗毅在其所著的《新财政学教程》中提出"阶级国家"和"分配"两个基本要素，并且还将财政与国家本质、国家职能以及国家权力的行使等联系，"据此可以认为国家分配论已正式提出"（张馨，2000），同时也标志着我国财政理论界开始尝试构建自己的理论。"国家分配论取代苏联货币关系论的突破口，是分配关系观的提出"（张馨，2000）。叶振鹏在20世纪50年代前期就提出，财政本质不是货币关系，而应该是一种分配关系，因为社会再生产的各个环节都存在着货币关系，但按照马克思的非生产性的国家观，财政活动只能存在于分配环节中，因而财政体现的只是一种分配关系。

进入到20世纪50年代末60年代初，我国财政界更进一步地扬弃了当时占主流地位的苏联的"货币关系论"和"价值分配论"等观点，在理论争论中逐步形成了"国家分配论"的学说。1957年许廷星教授出版的专著《关于财政学的对象问题》第一次系统地论述了"国家分配论"的基本内容，书中指出"财政学的对象是国家关于社会产品或国民收入分配与再分配过程中的分配关系，也就是人类社会各个发展阶段中国家对社会的物质资料的分配关系"。这就明确使用了"国家"和"分配关系"去界定财政的概念，并进一步否定了"货币关系论"，"财政学的研究范围并不是无所不包地涉及所有货币关系的范围，而仅是国家职能所发生的财政分配关系所涉及的范围，其中也包括了财政分配关系中所具有的货币形式"（王国清，2008）。

之后经过1964年以及20世纪80年代初的两次理论论战，"国家分配论"经受住了考验，得到了不断的充实与完善，确立并巩固了其在财政学界主流学派的地位。1964年8月在大连举行了关于财政本质及其相关理论的第一次讨论会，标志着"国家分配论"主流地位的最终确立。在会后出版的《财政学问题讨论集：1964年财政学讨论会论文选辑》中，主张"国家分配论"的论文占了多数，邓子基、沈云、陈共、谷祺和刘明远、赵春新等的论文都持这一观点。粉碎"四人帮"后，在20世纪70年代末80年代初，又开始了新一轮关于财政本质的大讨论。财政学界发表了大量关于财政本质的针锋相对的论文，并举行了若干讨论会，其中，第三次全国财政理论讨论会和全国财政基础理论讨论会比较著名。在这场论战中,"国家分配论"大大发展了自己的观点,包括:关于"国家主体"的内涵;区分财政和财政本质这两个概念;关于"财政与国家具有本质联系"命题的系统论述;关于财政的四要素问题。至此,"国家分配论"的主要内容和体系已基本定型。

进入 20 世纪 90 年代之后,随着建立社会主义市场经济体制工作的展开,大量西方公共财政理论的新思想和新思路进入到我国财政基本理论的研究中,虽未再形成新一轮的"财政本质大讨论",但对我国财政理论的应用型分支理论产生了巨大的影响。

4.1.2 "国家分配论"的主要内容

"国家分配论"研究的是关于财政本质这一财政学最基本的理论问题。该理论以马克思主义的国家学说为理论基础,从阶级国家的角度出发,认为尽管在不同社会制度下,财政代表了不同阶级的利益,但作为一个经济范畴,财政是具有共性的,其共性就在于:财政是在一定的生产资料所有制基础上的国家为实现其职能的需要,依据其权力而进行的一种社会产品的分配活动。"财政实质是通过社会产品的分配体现社会各阶层之间的利益分配关系"(鲁昕,1993),所以任何财政都是国家财政。我国实行的是以生产资料公有制为主体的社会主义制度,所以"国家分配论"主要研究的是社会主义国家的财政本质及相关理论问题。

1)社会主义财政的本质

"'国家分配论'采取层层'剥笋式'的方法,由浅入深地从与财政有必然稳定联系的事物中,相对地找出与财政有最深层次的本质联系的事物,对财政本质问题进行了全方位、广角度、深层次的分析"(周克清,2001)。所谓财政的本质,就是"以国家为主体的分配关系",这种财政与国家的本质联系,是任何形态的阶级社会所共有的。同时,任何财政都具有强制性和无偿性,这是财政本质的具体体现,也是财政共有的特征。

对社会主义财政本质的认识,实际上是对财政本质更深层次的探究。"以国家为主体的分配关系"是将财政与所有非财政事物相区别的意义上的"最深层次",而社会主义财政的本质是区别社会主义与其他社会形态下财政本质的"更深层次"。决定社会主义财政与其他社会形态下财政本质区别的是它们建立在不同的生产资料所有制基础上。社会主义财政以生产资料社会主义公有制为基础，除了具有"以国家为主体的分配关系"这一共同本质之外，还有着自己特殊的本质。它代表社会主义国家以政治权力行使者与全民所有制生产资料所有者两种身份结合统一体的资格，直接参与物质生产领域内社会产品或国民收入的分配。"社会主义财政分配是对社会产品的一种'社会必要扣除'，其分配的最终目的是为全体人民谋福利，它保证了社会主义财政的'取之于民、用之于民'，因而它是强制性与自觉性、无偿性与偿还性之间的辩证统一"（邓子基，1989）。因此，社会主义财政的本质是以建立在社会主义生产资料公有制基础上的社会主义国家为主体，处于社会再生产过程中，为满足实现其职能的需要，主要利用价值形式强制地、无偿地参与社会产品或国民收入分配所形成的，"取之于民、用之于民"的分配关系。

2）社会主义财政的职能

社会主义财政的职能与社会主义国家职能和社会主义财政本质密切相关，并受它们的制约。职能是事物固有的功能，所以"财政职能是财政固有的客观功能"，社会主义财政具有分配、调节和监督三种职能，并且这三种职能共处于社会主义财政分配这个统一体中，对社会主义财政分配起着不同的作用。

社会主义财政的分配职能。"分配职能乃是财政存在的直接动因"（邓子基，1989），社会主义财政作为社会主义国家实现其职能的分配手段，要参与社会产品的分配，为发展国民经济和提高人民生活水平服务，因而具有分配职能，其中包括筹集资金与供应资金两方面内容。从筹集资金的角度看，社会主义财政相对于其他社会形态的财政来说应具有更广泛的外延，这是因为社会主义财政不仅要满足实现行政职能的需要，还要筹集巨额的建设资金和改善人民物质文化生活水平的经费，满足实现特有的经济职能的需要。从供应资金的角度来看，社会主义财政要将已经取得的财政收入安排运用出去，在满足实现行政职能需要的同时，社会主义财政还要满足实现其经济职能的需要，在安排财政支出时，必须按照客观规律，有计划、按比例地供应和运用财政资金，正确处理需要与可能的矛盾，正确处理积累基金与消费基金等比例关系，以保证社会主义经济持续按比例地迅速发展。

社会主义财政的调节职能。国家在参与社会产品或国民收入的分配过程中，它的一收一支必然引起有关各方在生产要素的分布与国民收入占有份额上的变化，影响和调节着国民经济的运行状况，因此，财政也天然具有调节经济的功能。社会主义公有制和有计划的商品经济，为社会主义财政调节职能的充分发挥提供了良好的环境。为此，社会主义财政就要在参与社会产品或国民收入的分配过程中，积极开展宏观经济调控工作。按照客观规律，调节生产要素的配置情况，正确处理国家、地区、部门、单位与个人等各方面的分配关系，调节生产、流通、分配与消费，调节社会总需求的平衡状况，调节积累与消费的比例关系以及各自内部的关系，实现财政收支平衡、促进国民经济得以协调顺利发展。

社会主义财政的监督职能。财政的监督职能，是财政在分配社会产品或国民收入的过程中，对国民经济各个方面的活动状况进行综合反映和制约的客观功能。社会主义财政发挥监督职能，一方面是要在筹集、运用资金的分配过程中，通过价值形式对国民经济各个方面的制约作用来进行监督；另一方面是在日常财政管理工作中，通过反映、督促、检查和财政制裁等形式来监督。

4.1.3 "国家分配论"对公共财政理论的借鉴

正式将公共产品理论介绍到我国财政理论界，开启公共财政理论研究的是张馨在 1991 年发表的一篇题为《西方的公共产品理论及其借鉴意义》的文章。在计划经济向市场经济转轨的大环境下，西方的公共财政理论越来越受到我国财政理论界的关注，市场取向的改革导致了人们在新的历史条件下对于"国家分配论"的再认识。

1）"国家分配论"为体，"公共财政论"为用

"国家分配论"是一种关于财政本质的理论，坚持马克思主义哲学的基本原理作为自己的立论基础，牢牢抓住其经济学方法论的核心——运用科学抽象法，分析事物的本质特征，解决的是"财政一般"的问题，适用于任何财政类型。"但'国家分配论'不是对于财政问题的终

极把握"（张馨，1999），所以在把握了财政一般本质后，还要对各个历史时期不同经济主体基础上的国家财政特殊性作进一步的分析，才能在把握"财政一般"的同时把握各个时期的"财政特殊"，尤其是社会主义计划经济体制和社会主义市场经济体制两种不同的经济体制基础上的财政特殊性问题（如图4-1所示）。

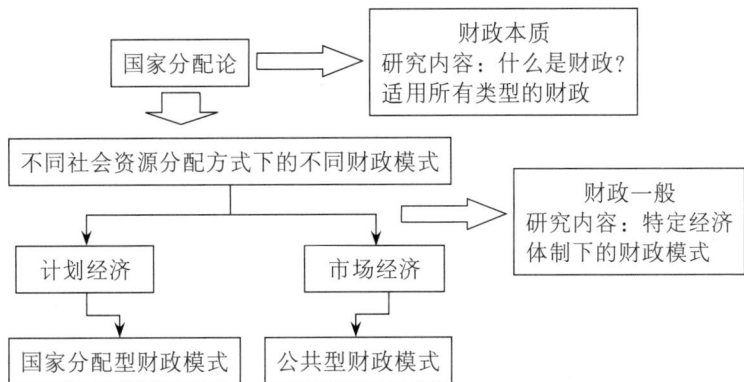

图 4-1 财政本质与财政一般

西方财政学背后的哲学基础是经验主义以及由经验主义发展而来的科学主义，公共财政理论解决的正是人类发展的某一阶段——以市场经济为基础的民主社会所面临的"公共需要"问题，即"国家财政一般在市场经济下的一种特殊运行模式（类型）"（邓子基，2000）。

"国家分配论"与西方的公共财政相比，过于抽象，没有针对性，缺乏的正是这种市场经济体制背景下系统的财政学理论的可操作性。所以，我国财政理论界本着"国家分配论"为体，"公共财政论"为用的原则构建基本理论体系。在"国家分配论"财政本质观的合理内核基础上，以"公共财政论"进行具体的财政活动分析，"拓宽财政学的理论基础，把它置于马克思主义政治经济学和现代管理科学的基础之上"（许毅，1998），大力借鉴"公共财政"模式的运行机制与管理方法来丰富、发展"国家分配论"，充实并完善社会主义市场经济体制下的财政理论。

2）"国家分配论"的新发展：双重财政权力结构运行模式

市场经济的改革取向，决定了我国财政必须转向为市场经济提供服务的"公共财政"上来，同时国有经济作为社会占主导地位的经济形式，又决定了我国财政还要肩负着"国有资本财政"类型，从而形成社会主义市场经济下的"双重财政"结构。"双重财政权力结构"实质上是我国政府依据马克思所提出的两种不同的权力学说[①]，结合市场经济权力主体的建立而构建起的一种我国特有的财政权力结构。"新时期的'国家分配论'体现在运行模式上，即社会主义财政包括的'一体两翼'[②]或'双重结构'"（邓子基，1999），如图4-2所示。

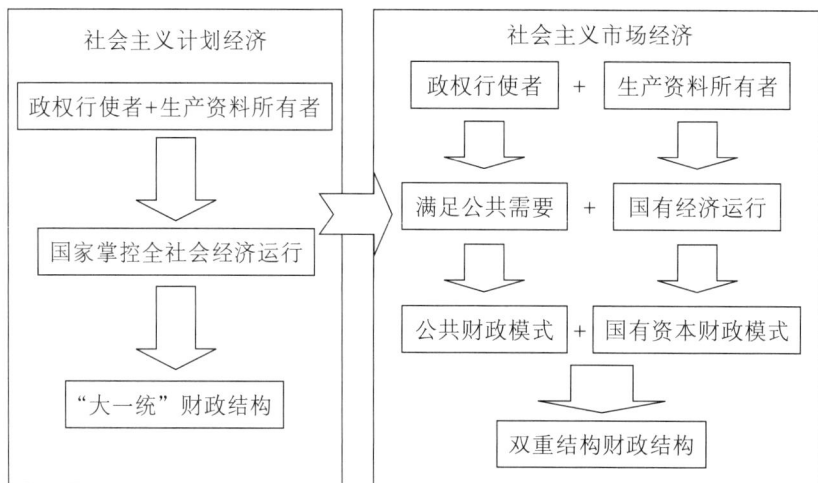

图4-2 社会主义计划经济与社会主义市场经济下的财政结构的比较

"双重结构财政"是对计划型的"大一统财政"下"单重财政"结构的改革。在高度集中的计划经济体制下，财政分配主体是作为政治权力行使者、生产资料所有者以及生产经营组织者统一体的政府，国家掌握几乎全部的社会权力，直接全面地计划配置社会资源，并直接干预、安排、控制整个社会经济生活的产物。与之相适应的财政是单一结构的，体现政权和公共性的所谓"吃饭财政"与体现财权和经营性的"建设财政"没有分别预算、分列运行、分开管理。这种以国家计划为社会

---

① 马克思于1847年10月底在《道德化的批判和批判化的道德》这篇论战式的文献中提出，"在我们面前有两种权力：一种是财产权力，也就是所有者的权力；另一种是政治权力，也就是国家的权力"。
② "一体两翼"由邓子基提出，指国家税务部门和国有资本管理部门成为财政这一机体的两个翅膀，缺一不可，这是由社会主义国家的双重身份决定的。

权力配置主体的方式①被实践证明是低效率的，从而我国选择了将部分权力下放，建立以市场为权力配置主体的方式，这首先就要求财政权力结构的相应变化，要求打破"大一统""大包揽"的财政权力结构，构建公共财政和国有资本财政相结合的"双重结构财政"。公共财政源于西方市场经济的实践，构建的是一种市场经济下的财政权力结构，反映的是纠正市场失灵的财政分配本质，我国构建的"双重结构财政"模式中的"公共财政"同样具有市场经济阶段财政的共同特殊性，即要在市场作为配置资源主体的基础上，界定政府与市场的权力范围，弥补市场失灵，不以营利为目的，为市场提供一视同仁的服务。由于我国社会主义生产资料公有制的特性，又决定了大量国有经济的存在，而国家或者政府作为国有资产的所有者，其职能并非能由公共财政所全部涵盖。因此，我国在建设公共财政的同时，还要处理国家同国有资本之间的关系，即"双重结构财政"模式中的"国有资本财政"。

4.2 我国财政权力结构构建的"原则论"

由于计划经济是以国家或政府全面主导经济和社会为前提的，所以，权力的集中在保证计划经济有效运作的同时，也决定了国家与社会的一元化、政府与市场的一元化。因此，财政权力结构几乎等同于社会权力结构，整个社会的权力关系都纳入国家各种体制的控制范围之内，其运行标准也遵循政府间的行政管理标准，呈现出"原则论"的特点。

4.2.1 "国家分配论"下有关财政体制的理论

"国家分配论"指出社会主义财政职能除了实现国家行政职能、满足国家需要外，作为全民所有制生产资料的所有者，还要实现特有的经济职能，使财政分配同国有企业的再生产过程紧密地联系起来，确保全民所有制资产保值增值。这就决定了我国的经济运行是集中全国的财政资金，由国家通过财政统一指挥和控制，有计划有步骤地安排实施，即

---

① 按照西方经济学的观点，计划与市场是两种配置资源的方式，这两种方式是否有效取决于信息的获取能力，显然现实中并不存在一个全知全能的政府，自然市场成为资源配置有效的可取方式。

实行以国家为决策主体的计划经济体制，这也必然形成各级政府服从中央统一领导、社会服从国家统一安排的高度集权型财政权力结构。

1）体制原则论

"原则论"实质上是从"国家分配论"引出的一个分支理论，"以国家履行职能为基本出发点，从而得出政治上统一的国家和政府的财政收支也应是统一的结论"（张馨，1993）。"国家分配论"下的财政权力结构构建的原则涉及的是中央政府与地方政府之间的关系问题，规定和处理的是财政权力的划分问题，并且将这作为财政体制的"实质"问题。但这些原则侧重于国家或政府依据生产资料所有者身份获得的财政权力的配置，而忽略了对政府间财政权力配置问题的处理。

我国的财政学界大体都倾向于认为"统一领导、分级管理"是构建我国财政权力结构的基本原则。在这一原则下，国家财政的方针、政策、计划、制度都由中央政府统一制订，地方政府不具备相对独立的一级财政权力主体地位，只是作为中央政府的分支机构对各种决策加以贯彻执行。中央和地方政府都要按照统一要求编制财政收支计划，纳入国民经济和社会发展计划、统一组织国家预算的编制、执行和决算工作。同时，由于各地实际情况千差万别，"又必须充分发挥地方的积极性，各地都要有适合当地情况的特殊政策"（毛泽东，1950 年代末）。地方财政收支在经中央核定或分级包干后，在保证完成计划的前提下或包干范围内，地方可以统筹安排，实行"分级管理"。地方还可自主支配本地区的机动财力，以及对中央政策法令制定具体执行办法和实施细则，以调动地方的积极性。在财政体制中，"统一领导、分级管理"是处理中央集权与地方分权的财政关系原则，应当有一个适当的界限，"中央财政应该在整个国家财政的体系中，占据主导地位……地方财政在整个国家财政的体系中只是中央财政的一个重要的补充"（许飞青、冯美云，1964）。财政权力结构中集权与分权的状态应根据生产发展的要求和客观情况的变化，根据每个时期党与国家的路线、方针、政策，由中央政府有步骤地、妥善地加以调整。

2）财政收支的划分

我国财政权力结构构建原则，强调的是统一领导，由于社会权力几

乎全部集中在国家手中，因此国家通过财政可以集中全社会绝大部分的
积累基金，再集中统一安排使用，从而保证国民经济的顺利运行；地方
政府的财政收支也要由中央政府核定并由统一的国家预算确定下来。因
此在我国的财政实践中，中央通过指令性的年度预算计划指标，直接控
制地方绝大部分收入和支出的活动方向与规模。"地方收入的取得，实
质上是在替中央组织收入①；地方支出的安排，也是一种'坐支'行
为，是在替中央具体履行支出职责"（张馨，1997）。中央通过"统收统
支""总额分成""比例分成""分级包干"等方式划分财政"蛋糕"在
中央与地方政府之间的份额，划分的基数和缴补额等，大体上是根据每
年不同的情况一年一核定。地方根据规定，从中央划拨的收入和提供的
补助中安排中央已经规定好的支出项目。

　　在社会主义生产资料公有制下，我国的财政收入几乎只来自公有制
经济，其中绝大部分又集中在全民所有制经济中的工商业部门。从财政
收入的项目结构来看，我国是以利润上缴和工商税收为两大主要来
源②；而财政资金是我国经济建设资金最主要、最直接的来源，所以各
级财政支出也主要集中在经济建设支出项目，主要包括基本建设支出、
国有企业挖潜改造资金、增拨企业流动资金、支援农村生产支出、城市
维护费支出和国家物资储备支出等。因此，中央财政在核定各级政府的
收支情况时，都是根据企业的隶属关系围绕着各地区所辖国有企业的投
资、经营、改造、管理而进行的，即"根据各级政权的职能和企业、事
业单位的隶属关系划分收支"（许飞青、冯羡云，1964）。所以在"分级
管理"下的各级财政，其收入状况的好坏，与本级政府所辖企业的利润
上缴能力有着很大的相关性。这种财政与企业利益相联系的高度集中的
财政权力结构直接决定了我国政府间财政关系的易变性，原因在于各级
财政收支由企业隶属关系决定，企业隶属关系的变更会引起相应的收入
基数在各级财政之间的划转；由于企业利润是各级财政的主要收入来
源，各级政府都力图掌握更多的企业，进行更多的投资，所以每年在重

---

　　① 1994年"分税制"改革前的几十年，我国地方财政直接组织的收入，大体占总收入
的60%～70%，而中央财政组织的收入则占30%～40%。
　　② 1955—1980年间，两者各自占国家预算收入的比重大体上都在40%以上，只是在利
改税后，这种工商税与企业利润上缴并重的财政收入格局，才转换成以税收占90%以上，而
利润上缴仅占很小比例的税收独尊局面。

新划分财政这块"大蛋糕"的时候，始终存在着各级政府"争基数、吵比例"的现象。

4.2.2 我国财政体制理论的演化

由于"国家分配论"研究的主要是关于财政本质这一财政学最基本的理论问题，对财政的运行机制和管理方法的关注比较少，而且在政府尤其是中央政府掌控绝大部分社会权力时，更多的是采用行政手段对权力进行配置，缺乏市场经济条件下的核算手段，对财政权力结构的有效性无法进行科学的测量。因此，有关财政体制理论在我国的财政理论中缺少比较系统的论述，而更多体现在"原则论"指导下的与经济社会发展相适应的"相机抉择"的政策调整以及对运行状况的评价中。

1）中华人民共和国成立初期到 20 世纪 70 年代末的理论发展：行政性放权的财政体制

中华人民共和国成立初期，我国的财政理论尚处于摸索期，还没有形成自有的理论体系。在财政实践中，财政权力结构几乎等同于社会权力结构，呈现出高度集权的状态，强调的是国家社会活动的统一性和计划性。在其后的数十年中，尽管针对地方政府缺乏积极性的问题，一直在探讨如何克服财政权力结构的过分集中状态，但中央政府的"统一领导"始终都是作为基本前提而存在的。

1951 年出版的《新财政学教程》（丁方、罗毅，1951）介绍了中央与地方的支出和收入关系问题，但尚未作出理论上的概括。20 世纪 50年代后半期的财政理论基本出现在国家的政策决策以及领导人的论著当中，毛泽东在"论十大关系"中就指出"我们的国家这样大，人口像这样多，情况像这样复杂，有中央和地方两个积极性，比只有一个积极性好得多"，强调了发挥地方的积极性，实际上是规定了计划经济时期财政体制的基本原则，即"在不否定计划经济的前提下财政管理体制的适度分权，而计划经济下的这种分权只是行政性放权"（吴敬琏，2004）。20 世纪 60 年代出版的《财政学》（中国人民大学财政教研室，1964）以及《中国财政管理体制问题》（许飞青、冯羡云，1964）对我国的财政体制问题开展了一定的研究。在这两本专著中，分别论述了财政体制的概念、体制建立的原则、收支划分的方法以及我国民族地区财政体制问题等。在对财政体制的定义方面，中国人民大学财政教研室的《财政学》给出的概念更为简练和准确，"财政管理体制的实质就是正确处理国家管理财政的集权和分权的关系问题"。这两本专著对财政体制建立的两大原则，即"统一领导、分级管理"原则及"一级政权、一级财政"原则取得了一致。许飞青和冯羡云还对中央与地方集分权的数量界限进行了分析，提出了"支出三七开""收入对半开""地方经济建设支出不超过50%"等观点，开创了我国财政体制从经验数据上总结数量界限的研究思路。对于我国财政收支划分的具体方法和形式，许羡云和冯飞清的专著对其进行了归纳"除了1950年高度集中统一外，一种是以支定收，一年一变；另一种是以收定支，几年不变"。同时，他们还认为"'一年一变'的做法与国民经济计划相适应，但还要尽量吸取'几年不变'做法的优点，以便充分调动各地区、各部门的积极性"。由此可见，"计划经济下的行政性放权是在'放权让利'和'调动积极性'的思想指导下进行的，自中华人民共和国成立至1979年的财政体制，经历了从集中到较为分散又到集中的过程，但其基本形式没有多大的改变"（杨之刚，1999）。

2）20世纪80年代初到90年代初的理论发展：行政性分权的财政体制

20世纪80年代初开始，我国逐渐将政府掌握的权力向市场释放，之前的财政权力结构也随着发生了变化。我国的财政理论界也开始总结以往计划型财政体制改革的经验教训，并着手探索适应市场经济的财政体制。1980年出版的《社会主义财政学》是"文革"后由财政部主持的第一部全国财政学统编教材，将财政体制问题作为财政学中的主要组成部分来加以研究。由于处于转型的初始阶段，财政体制理论并没有实质性的突破，仅对20世纪80年代财政体制改革的具体内容进行了补充。

随着市场经济改革的进一步深化，财政理论界逐渐认识到向市场经济转型过程中，财政权力结构调整的重要性，"财政体制是经济体制的重要组成部分，它反映、规定、制约着国家与企业、中央与地方两大基本的经济关系。因此，财政体制改革是我国经济体制改革的关键性环节之一"（贾康，1987）。中央的"财政体制改革基本上是单项分步进行的，先后实行了基本建设投资拨款改贷款，中央和地方财政收支'包干制'，两步'利改税'等政策"（王绍飞，1988），经历了多次变革，但"在处理中央与地方的财政分配关系上，还未能找到一个较为理想的模式"（刘溶沧，1987）。此时的理论界已经受西方财政理论的影响，提出按税种划分财政收入的分级财政体制的客观必然性，即"利改税后，企业只按规定的税种和税率向国家缴纳税金，不再按隶属关系向各级主管部门上缴利润，这就必然使中央与地方之间的财政收入划分向划分税收的方向转化"（马国强、吴旭东，1985）。

20 世纪 80 年代末 90 年代初，我国财政理论界从财政体制运行的状况以及与经济基础相适应的角度，客观分析了"包干制"的弊端，"具有严重的随意性，造成预算约束软化，导致中央和地方互相侵权，而且，财政包干制也无助于中央与地方的转移支付关系的形成"（周小川、杨之刚，1992）。贾康认为，财政包干制束缚了企业活力的发挥，强化了地方封锁、地方分割的"诸侯经济"倾向，客观上助长了低水平的重复建设和投资膨胀，使得中央和地方关系缺乏规范性和稳定性，导致国家财力的分散。1986 年分税制改革方案的破产，使得"改革的大好时机就此错过，后来的被动局面（即 1988 年的通货膨胀及随后经济进入治理整顿阶段）也就因此而产生"（吴敬琏，2004）。财政理论界一直没有停止对财政体制改革的探讨，进一步分析了行政性分权的弊端和各层次经济活动当事者的行为，认为"行政性分权的局面不宜久存"（楼继伟、肖捷，1987）。张馨认为，分税制基本上可以解决中华人民共和国成立以来一直困扰我国财政工作的财政体制难题，为我国财政对宏观经济间接调控提供必要的和良好的框架，他还分析了分税制难以真正推行的原因，例如企业的行政隶属关系、财政收入中税收的地位、地方公债发行权等问题。由此，他主张应该分阶段在一个较长的时期内进行改革。贾康也赞成"财政体制改革的大方向或目标模式，应当是建立以分税制为基础的分级财政"（贾康，1988）。刘尚希则依据财政体制应与经济运行相融合的理论，提出了涉及我国财政体制的两条基本原则，并对发达经济区域和落后经济区域在职权配置、收益形成、企业和政府关系、收支划分方法等方面的差别作了比较分析，提出了区域性财政体制的基本框架（刘尚希，1991）。刘黎明、刘玲玲、王宁还用数学方法分析了财政包干制中存在的体制弊端所形成的讨价还价博弈机制，进一步揭示分税制改革的必然性及其体制上的优越性。

在与西方的财政联邦制进行深入比较研究后，张馨还将财政体制理论概括为"体制原则论"，主张"统一领导、分级管理"，这实质上是"国家分配论"的一个理论分支。张馨认为，这种理论不适应市场经济的演变趋势，市场经济要求我国财政体制向分级独立的财政体制模式转换，但"体制原则论"强调各级财政收支都要纳入国家预算，因此，为适应新的经济形势，也需要借鉴西方的财政联邦主义理论。

3）1994年税制改革至今的理论发展："分税制"应不断完善

1994年"分税制"改革的实施，在一定程度上解决了原体制的弊端，"促进了中央与地方收入的持续快速增长，增强了中央财政的宏观调控能力，国家与企业、中央与地方的分配进一步规范"（张志华、王雍君，1998）。陈共认为，1994年的分税制改革确立了社会主义市场经济税制的基本框架，形成了以流转税和所得税为主，辅之以若干辅助税种的较规范完整的税制体系；更重要的是确立了具有中国特色的分税制，合理调整了中央与地方的分配关系，既保证了中央集中适当的财政收入，又有利于激励地方政府加强税收征管的积极性，并且中央财政掌握了更大的主动权和调控余地，有利于实行有效和有力的转移支付制度（陈共，2005）。不过，这种以增强中央主导地位为目的、以税收划分为着眼点的税制改革还保留了相当程度旧体制的问题。寇铁军认为，分税制的基础缺乏科学性，税收返还和补助制度尚不规范，尤其是体制的分配格局是以现行税制划分为基础的，随着各种收入格局的变化，进一步调整税种划分是不可避免的，而且按照隶属关系划分企业所得税，带有明显的旧体制痕迹，改革的渐进性也致使地方税体系的建设明显滞后以及整个改革只在增量上做文章，并没有触及存量问题（寇铁军，1995）。针对现行"分税制"所存在的问题，财政理论界及政策制定者结合西方的财政联邦制理论以及我国的实际情况从不同角度探讨了进一步改革的方向和思路：

从财政体制改革的目标模式来看，张馨从双重结构财政理论出发，提出我国的财政体制不仅应该分税，而且应该分税与分利相结合，这一观点是基于我国拥有众多的国有资本而提出的（张馨，1996）。寇铁军认为，财政体制改革的目标模式应该以集权为主、分权为辅，形成中央集权下的地方分权的分税分级财政体制（寇铁军，1995）。谢旭人也指出，理顺中央与地方财政分配关系的方向，关键是实行分税分级财政体制，从国外一些发达的市场经济国家的经验来看，各级政府事权和财政收支范围的划分，均以法律形式加以规范，事权可以下放，但财权相对集中，中央或联邦政府集中部分财力，对地方实行转移支付制度。中央与地方政府预算分开，税收征管机构分设，财政资金采取规范化的分配方法（谢旭人，1994）。党的十八大报告提出"以市场化为取向"，要针对目前中央与地方事权和支出责任划分、收入划分、转移支付制度中存在的，不利于生产要素自由流动、不利于统一大市场形成、不利于市场经济主体公平竞争的体制机制障碍，加快推进财政体制改革。

从地方的财政权力来看，由于中西财政体制的根本差异在于"地方财政的独立程度不同"（张馨，1993），所以许多学者将我国财政体制改革的着重点放在了地方税收立法权的赋予和地方税体系的建立上，目的就在于扩大地方政府的财政权力，以符合地方公共产品提供的有效性。杨之刚认为，地方人大应具有独立的地方税立法权，对地方税税基的计算、税率的制定以及征收办法等，地方人大应该有一定的自主权，但不得侵犯全国性的税法和国税税基（杨之刚，1999）。"税收基本法和税收征管程序综合立法归中央专属，至于税收实体法及税种具体征纳程序法，则可视情况划归中央或地方或中央与地方共享"（孙开，2004）。多数人认为，"分税制"改革后，地方缺乏主体税种，以致于基层财政出现困难局面，提出要进一步构建地方税体系。邓子基提出了优化地方税制结构的近期、中期以及远期目标，他认为近期目标是构建以营业税、所得税为双主体的地方税体系，并对一些辅助税种进行调整；中期目标是要建立以所得税、财产行为税为双主体的地方税制体系，辅助税种的设计应重点放在资源税、环保税等有利于社会经济可持续发展的税种上；远期目标就是建立以财产税为主体的地方税制体系，辅助税种的配置则应着重放在符合科学发展观、有利于循环经济确立的行为类税种上（邓子基，2007）。从规范转移支付制度的角度来看，"即使考虑了转移支付，1994 年的财政体制的改革总体上还是只涉及了财政体制的收入方面，而且仍然保留了改革前的带有计划经济色彩的支出责任体制，让地方政府扮演着中央政府的支出代理人的角色。因此，1994 年的分税制改革使地方政府相对中央政府的支出比例大幅度提高了"（张军，2008）。寇铁军提出，健全政府间转移支付制度应由转移支付多重目标和多样化手段组成，并借鉴 OECD 主要国家财政转移支付制度的模式（寇铁军，2004），他还论述了我国转移支付制度设计中的模式选择、若干重要因素以及技术性问题。杨之刚和马栓友也在比较了我国和发达国家的转移支付制度后，指出我国财政转移支付制度应以平衡补助为主，注重财政分配的横向和纵向平衡：建立制度初期，应以较低的公共服务水平均衡为目标（杨之刚、马栓友，1996）。财政理论界在以国际视角提出我国转移支付制度差异性的同时，也对我国转移支付制度的运行情况进行了实证研究，发现"从 1995 年到 2000 年，考虑各地方转移支付因素时的地区经济收敛系数反而比不考虑该因素时的收敛系数小，说明转移支付并没能促进区域经济收敛，即转移支付没有取得均等化的效果，这主要是因为转移支付的资金分配的不科学、不公平"（马栓友、于红霞，2003）。"转移支付方式不规范，对无条件拨款和专项拨款的使用界限不清，专项补助多固化为对某些地区的固定补助，项目繁多，且疏于管理"（李齐云，2002）。而且，对均衡化起主要作用的一般性转移支付，其测算方法还存在诸多问题，"转移支付办法中对标准收入的确定虽采用了公式法，但是只有本级标准收入采用了税基和税率的办法，所占比重有限"（李晓红，2002），"在预算级次上目前仅以省为单位进行测算，没有考虑不同级次政府支出标准的差异，致使测算的准确度有一定影响"（孙开、彭健，2002），"一般性转移支付部分指标的相关因素权重确定不合理"（寇铁军、汪洋，2003）。增加一般性转移支付规模和比例，完善中央对地方均衡性转移支付增长机制，提高转移支付补助系数，逐步补足地方标准收支缺口。分类规范专项转移支付项目，并从监管制度、技术操作等方面着手，进一步提高转移支付资金使用效益（谢旭人，2012）。

从省以下财政体制的角度来看，由于 1994 年的"分税制"并没有对省以下地方的财政体制作出规定，各省体制设置不尽相同，也产生了诸多问题。王朝才指出分税制实施过程中的不规范及制度的不稳定直接导致了基层（县乡）财政的困难（王朝才，2003）。杨之刚认为，省以下地方财政体制改革的目标，除了缓解基层财政困难外，更为重要的改革目标是明确基层政府职能，配合较为规范的转移支付制度和较为完善的地方税体系建立，构建具有自律机制有效运行的基层财政体制（杨之刚，2004）。贾康和白景明也认为地方财政改革不能再寻求建立过渡性制度模式，而应重点推进实质意义的分税分级财政建设，在适度简化政府层级的前提下按照"一级政权、一级事权、一级财权、一级税基、一级预算、一级产权、一级举债权"的原则构造完整的多级财政，同时要改进和完善中央自上而下的财力转移支付制度（贾康、白景明，2003）。与贾康一样，很多学者赞同通过行政级次"扁平化""省直管县"等措施，解决省以下地方财政体制问题，但也有学者提出"在省市层级的行政和财政体制改革可以通过保留市或区的行政层级，取消财政层级的途径来解决"（朱秋霞，2005）。党的十八大则进一步明确了省以下地方政府的支出责任，将部分适合更高一级政府承担的事权和支出责任上移，强化省级政府在义务教育、医疗卫生、社会保障等基本公共服务领域的支出责任，提高民生支出保障程度，促进省内地区间基本公共服务均等化（谢旭人，2012）。

4.3 我国财政权力结构的演化路径

我国财政权力结构是以曼瑟·奥尔森所称的"所有者国家"（Owner-State）下相类似的财政权力结构为演化起点的。这种高度集权状态使得财政权力结构中的权力关系既没有实现平衡也没有达到有序，中央政府也试图通过调整权力的集分程度构建一个稳定的结构模式，但自始至终没有摆脱"一放就乱""一收就死"的困境。我国"财政主导型"计划经济向市场经济的转型，深层次的背景就是要将权力进行重新配置，要求把个体权力、市场权力从国家或政府手里释放出来，打破计划经济下全部由国家财政掌控的分配格局，所以对既有的财政权力结构进行调整也必然成为我国经济社会转型的突破口。"分税制"是在部分市场权力主体建立的基础上，对中央政府和地方政府财政权力的初次划分，是我国向市场经济下财政权力结构构建迈出的第一步。由于改革的目的以及市场等经济社会各方面发展程度所限，我国的分税制与西方财政联邦制下分税制的合法性和有效性还存在着很大的差异。

4.3.1 U 形组织结构下的统收统支模式

改革开放前高度集中的财政权力结构，从根本上讲，是由计划经济下的社会权力配置方式决定的。计划经济体制就是通过行政命令、计划指标，由国家按照社会需要统一配置社会资源，"若国家拥有了全部生产资料，就出现全面国家计划体制（socialism）"（穆雷·罗斯巴德，1972）。而财政作为国家控制经济、筹集运用资金，实现国民经济和社会发展计划的主要手段，财政权力结构必然要反映出计划经济运行的特点，并服从和服务于这种由政府尤其是中央政府统一控制的权力配置方式。

1）U 形组织结构下统收统支模式的基本特征

在中央计划经济下，整个社会的运行以及社会各组成部分的相互关系是在一定的指令下，呈现出一定的组织结构。钱颖一、罗兰和许成钢（1998）把工业组织理论运用到计划经济的运行中，将中央政府的计划组织形式分为 U 形组织结构以及 M 形组织结构。

U 形组织结构是与"权力条条"共生的（如图 4-3 所示）。在此种类型的组织结构中，两个中级主管 i（$i=1,2$）相当于两个地方政府，负责本地区信息的收集，然后将此信息传递给高级主管即中央政府，由中央政府在对各地方政府信息作出汇总比较后作出决定。"U 形组织并不能从局部的渐进方式中获益"，这种"条条式"的组织机构使得"不管是实施局部的改革还是全面的改革，都会在中心产生同样的启动成本"（Gerard Roland，1999）。但 U 形组织结构的中央计划使利用规模经济并发展经济中的劳动分工成为可能。

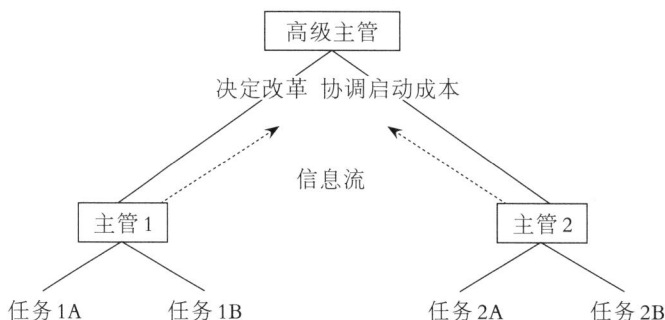

图 4-3 U 形组织结构

资料来源：罗兰.转型与经济学[M].张帆，潘佐红，译.北京：北京大学出版社，2002.

从中华人民共和国成立初期到 20 世纪 70 年代末，我国的国民经济计划组织形式就可以用 U 形组织结构来描述。中央政府通过对各地方政府"条条式"的管理，实现社会权力的控制和运作。U 形组织结构下，各级地方政府组织的财政收入和财政支出并不直接发生关系，因此，这种组织结构反映在财政资金的收支上，又被称作"统收统支"或"收支两条线"模式。

根据社会主义国家分配论的理论指导，社会主义国家财政掌控着全社会的绝大部分权力，在完成国家固有政府职能的同时，还肩负着全社会的经济生产建设职能，因此，这种国家与社会一元化的财政权力结构必然是围绕国有企事业单位①在中央政府与地方政府之间的隶属关系而构建的，对国有企业的所有权是这一时期财政权力中最重要的权力。中央政府依据"统一领导、分级管理"的原则，以企事业单位的行政隶属关系为标准②，划分中央与地方财政收支范围，即属于中央政府管理的企事业单位、行政机构为中央财政收支范围，属于地方政府管理的企事业单位以及行政机构为地方财政收支范围。这也是计划经济体制下，政府间财政收支的核心内容（如图 4-4 所示），政府间财政收支的调整总

---

① 据统计，1956—1978 年期间，企业收入占国家财政收入的 52.45%，而税收收入仅占国家财政收入的 46%。
② 这种以企事业单位的隶属关系划分政府间收支范围的体制，也是中华人民共和国成立后企事业单位隶属关系频繁上收下划的重要背景原因：财政放权，就有一大批企事业单位下放地方；财政集权，一大批企事业单位就要上收中央。

是伴随着国有企业隶属关系的变化而变化。

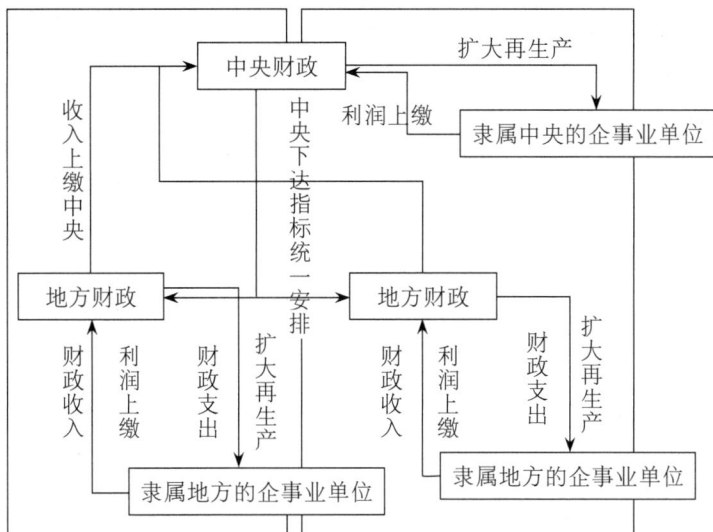

图 4-4 计划经济下统收统支的财政权力结构

在计划经济体制下，尽管国有企业按照隶属关系划归中央政府和地方政府，但地方政府并不是相对独立的一级财政权力主体，各地方政府只是作为中央政府的分支机构，代替中央政府管理地方国有企业、组织生产，代替中央政府组织财政收入，并按照中央政府的计划进行支出。财政资金的管理权仍集中在中央政府，地方政府的管理权限很小。尽管1950—1978 年间财政收支模式做过多次调整，采用过"收支两条线""分类分成""总额分成"等模式，但中央政府和地方政府始终都是在"一灶吃饭"，只是中央政府对财政资金集中的程度有所不同，而绝大部分时期都是以中央集中财政资金为特征。在机动财力的安排上，地方政府虽然有一定的预备费，支出结余也留给地方，但这些资金的数额都很小。为满足某些难以估计的预算，中央允许将一部分财政性资金由各部门、各地区、各单位自收自支，自行管理，但直到改革开放前，除"大跃进"和"文革"政策不稳定时期，各级政府财政预算外资金相当于预算内资金的比例并不大①。中央政府作为权力主体在财政权力结构中处于绝对主导地位，而且随时可以利用政治力量重新收回地方政府的财政

---

① 参见中华人民共和国财政部网站 http://www.mof.gov.cn/.

权力。因此，中央会根据国民经济运行的不同情况，不断调整与地方之间的财政资金分配方案。这一时期，相对稳定的财政资金划分方式是"总额分成、一年一定"，即中央政府和以省为代表的地方政府"一对一"地确定每一年度的财政收入分配方案。

2）U形组织结构下统收统支模式的阶段性调整

在统收统支阶段，中央政府会根据国民经济运行状况、中央政府集中财政资金的程度以及地方政府积极性的变化，对政府间财政资金的分配方案作出相应的调整。

表 4-1　　　　　1953—1978 年间中央和地方财政收入比重　　　　单位：亿元

年份	比重		年份	比重	
	中央	地方		中央	地方
1953	83.0	17.0	1966	35.2	64.8
1954	76.6	23.4	1967	31.6	68.4
1955	77.6	22.4	1968	29.6	70.4
1956	79.3	20.7	1969	32.5	67.5
1957	73.5	26.5	1970	27.6	72.4
1958	80.4	19.6	1971	16.0	84.0
1959	24.4	75.6	1972	13.8	86.2
1960	25.0	75.0	1973	14.8	85.2
1961	21.5	78.5	1974	17.2	82.8
1962	29.7	70.3	1975	11.8	88.2
1963	23.1	76.9	1976	12.7	87.3
1964	25.2	74.8	1977	13.0	87.0
1965	33.0	67.0	1978	15.5	84.5

注：1. 中央、地方财政收入均为本级收入。

2. 本表数字不包括国内外债务收入。

资料来源：中华人民共和国财政部 . 中国财政年鉴（2007）[M]. 北京：中国财政杂志社，2008.

多数财政学者将其称为"行政性放权"，但从财政权力结构的角度考察，这一阶段政府间财政关系的调整仅仅针对的是中央占主导控制地位的财政资金的分配，并没有涉及市场经济意义上的政府间财政权力的划分。通过对比中央和地方财政收入比重，如表 4-1 所示，就可以看出"一灶吃饭"下财政资金分配方案的变化。

（1）1950—1953 年财政资金的高度集中

中华人民共和国成立后，为调动有限的社会资源进行恢复工作，国家集中了社会绝大部分的资源，采取了统一财政经济管理的重大决策。1950 年 3 月政务院发布了《关于统一国家财政经济工作的决定》，该决定规定：统一全国财政收支管理、统一全国物资管理、统一全国现金管理，即"统收统支"或"收支两条线"模式。从 1951 年开始，全国的财政经济情况开始好转，但高度集中的财政资金管理使得地方政府缺乏积极性，1951 年 3 月政务院颁布的《关于 1951 年财政收支系统划分的决定》就将"收支两条线"改为收支挂钩，地方有了自身的收支范围，但因为当时正在进行抗美援朝战争和"三反""五反"社会改革，所以政策的出台并没有改变财政资金绝大部分集中在中央，地方政府可自行支配的财政资金数量仍然很小的情况。

1953—1957 年的"划分收支、分级管理、分类分成，一年一定"的财政资金分配方案。1953 年，我国进入第一个五年计划时期，开始进行大规模经济建设，要求采取新的办法调动地方政府的积极性。此时，财政资金收支方案调整内容如下：财政支出仍基本上按照隶属关系划分，财政收入实行分类分成的办法，将国家的财政收入划分为中央固定收入、地方固定收入、固定比例分成收入和调剂收入。地方预算每年由中央核定，分成比例一年一定，地方财政的年终结余，由各地在下年度安排使用，不再上缴。

（2）对财政资金分配方案作出的两次大调整

1958—1970 年"总额分成、一年一变"的财政资金分配方案。1958 年我国进入了第二个五年计划，社会主义改造也基本完成，国有企事业单位的数量大大增加，企业利润收入达到 189.19 亿元，首次超过了税收收入 187.36 亿元①。为加强管理，有必要将一批适合地方经营的企业下放给地方管理，按企事业单位隶属关系构建的政府间收支关系也随之发生了变化。1958 年的财政收入划分仍沿用了分类分成的方法，与之前相比，地方财政增加了企业分成收入，包括中央划归地方管理的企业和虽然仍属于中央管理但地方参与分成的企业利润，20% 分给企业所在省（市）作为地方财政收入；而在支出划分方面，地方所需要的基本建设拨款全部由中央拨付，不算在地方正常支出基数以内。1959—1970 年实行了"总额分成、一年一变"的方案，延续了对财政收入的下放，地方负责组织的总收入和地方财政的总支出挂钩，以省（市、自治区）为单位，按收支总额计算一个分成比例，作为地方总额分成比例，这种比例以及地方当年的财政收支指标、补助数额由中央每年核定一次，即"总额分成、一年一定"。

1971—1973 年"收支包干"的财政资金分配方案。中央决定再次把大部分企事业单位下放到地方管理，实行"定收定支、收支包干、保证上缴、结余留用、一年一定"的方案。中央企事业单位的下放，扩大了地方财政的收支范围。中央核定的预算收支指标与地方的建议数进行比较，确定上缴和补助数额，地方要保证完成上缴任务，中央要按确定的数字给予补助。但这种方案造成了地区间机动财力的苦乐不均，同时也增加了中央的平衡压力。

（3）"文革"后期对财政资金分配的调整

1974—1975 年"收入按固定比例留成、超收另定分成比例、支出按比例包干"的资金分配方案。受"文革"的影响，国民经济遭受很大的损失，很多地区生产力下降，财政包干难以完成。针对这种情况，中央又对财政资金分配方案作出了调整。地方组织的财政收入按固定比例留成，超收的部分另定比例留给地方，支出仍按中央核定的指标包干。由于收支不挂钩，不利于调动地方增收节支和平衡预算的积极性。为克服固定比例留成存在的问题，1976 年再次实行"定收定支、收支挂钩、总额分成、一年一变"的方案，扩大了地方财政收支范围，能够把地方

---

① 资料来源：http://chinadatacenter.org/chinadata/umuser/fifty/indexE.htm.

财政的利益与其努力程度结合起来，但也存在着总额分成比例一年一变，影响预算执行的问题。

4.3.2　M 形组织结构下的包干制模式

"中国传统的计划经济体制是一种财政主导型的经济体制，因而财政压力也通常是中国经济体制变革的一种直接原因"（贾康、赵全厚，2008）。"文革"遗留问题给国家带来的沉重负担①以及我国社会的全面发展都要求改变权力过分集中的局面，"充分发挥国家、地方、企业和劳动者个人四个方面的积极性"，而调动积极性的根本途径就是"改变集中的计划经济管理体制，通过权力关系的调整，实现经济民主"（邓小平，1978），从而形成不同的社会权力主体。因此，中央决定在中央政府与地方政府之间实行"分灶吃饭"的包干制，我国财政权力结构的调整"朝着分级财政体制的方向启动"（孙开，1995）。

1）M 形组织结构下包干制模式的基本特征

M 形组织结构是相对于 U 形组织结构，按"权力块块"设置的组织结构（如图 4-5 所示）。中级主管即地方政府负责收集本地区的信息，由于部分的决策权分派给了同一个中级主管，中级主管可以在本地区内自行对信息进行处理。高级主管即中央政府提供改革规划，并决定采取哪一种改革策略，整体上呈现出一种非集中化的组织结构。M 形组织结构不同于 U 形组织结构中的垂直、纵向管理，其中始终存在着多层次的和多地区的管理层次。"就改革而言，中国 M 形的组织结构为试验提供了更多的灵活性。的确，在一个地区引进改革与在全中国引进改革相比，可能以极低的逆转成本从学习中得到巨大的收益"（Gerard Roland，1999）。

十一届三中全会后，随着改革开放帷幕的拉开，在新时期下以"权力关系调整"为导向的财政分权化改革成为我国财政权力结构调整的逻辑起点。中央试图在权力下放的基础上，通过 M 形组织结构，重新组织国民经济的有效运行。"包干制"不同于以往政府间财政资金分配的

---

①　1979 年和 1980 年，我国连续两年出现的巨额财政赤字合计 348 亿元，比 1950 年到 1978 年 29 年间赤字的总和（248 亿元）还要多 100 亿元（左春台，1993）。

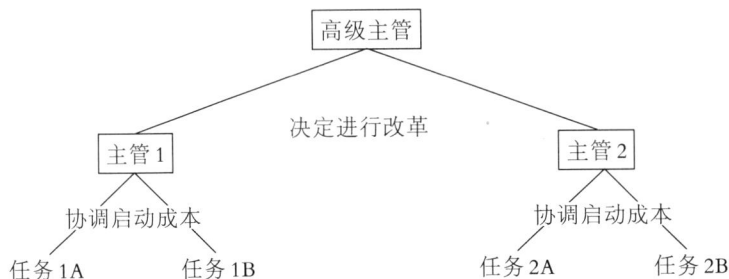

图 4-5　M 形组织结构

资料来源：罗兰 . 转型与经济学 [M]. 张帆，潘佐红，译 . 北京：北京大学出版社，2002.

调整，是由中央与地方"一灶吃饭"变为中央和地方的"分灶吃饭"，改变了在一定财政收入份额内分配资金的形式，权力关系的调整打破了"大一统"的高度集权格局。"其实质是扩大了地方配置资源的权力，形成了各地在隶属关系内以及在体制边界外开展创新的空间和积极性"（贾康、赵全厚，2008），并在一定程度上形成了地方财政的责、权、利的相互结合，扩大了地方政府对资源的支配能力。"放权让利"的一个重要维度是中央政府向地方政府的放权，而另一个重要维度就是政府向市场的放权，尤其是我国的计划经济向市场经济转型，必然要求改革现有的国有企业财务管理体制。所以，包干制的另一个特征就是改革重点已被放到改进国家与国有企业的财政权力关系上，逐步以"利润留成""利改税""税利分流"和企业"产权明晰"的方式，确立国有企业在市场经济中的市场权力主体地位（如图 4-6 所示）。

以"分灶吃饭"的包干制为基本形式的财政权力结构的调整，虽然还受内在的行政性分权逻辑的制约，但其分权已带来了不同以往的运行特点：最大的不同在于，地方政府的财政权力主体地位在本次权力关系调整中开始建立。地方政府被允许建立自己的财政预算体系，并且在制定地区发展的规划中拥有更多的自主权力，为促进本地区经济发展和财政收入的提高而积极地为当地企业提供较为宽松的环境。尽管在 1958—1976 年期间，经过两次大规模的财政资金分配方案调整，地方政府本级组织的财政收入的比重平均在保持 76% 左右，但地方政府财政

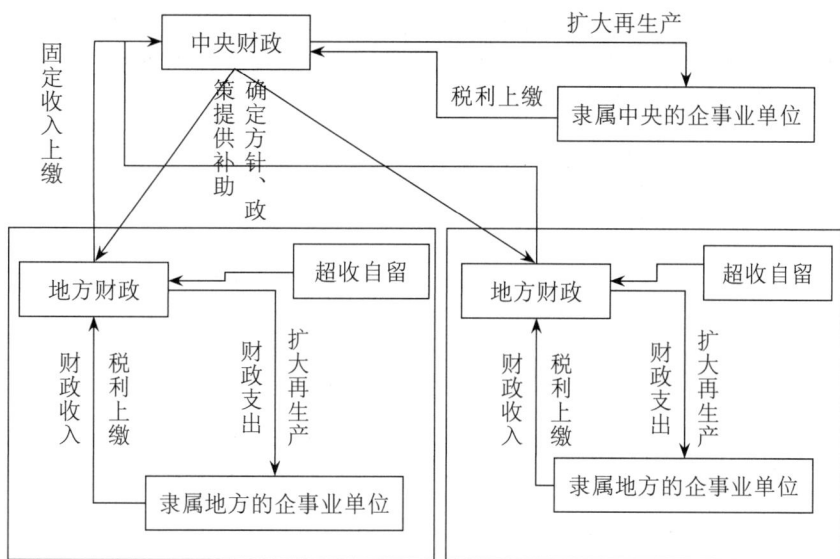

图 4-6　包干制下"放权让利"的财政权力结构

收入的分享比例平均仅为 38% 左右，这就意味着经过分享后，地方政府的可支配财政收入仅占全国财政总收入的 29%[①]，而包干制使得地方政府在税收的征集和财富的支配两方面都具有了一定的自主权。另外，M 形的组织结构使"地方政府'先斩后奏'等形式的自主实践在取得正面效果之后，往往要求中央政府以'推广成功经验'等形式追认其'合法性'，于是由自发组织的'局部试验'而导致'规则'的修改和重新认定，从而以较低的成本实现了制度变迁"（贾康、赵全厚，2008）。尽管包干制仍保留了计划经济下行政性分权的弊端，但这种分权为我国的经济体制改革打开了出口，促使各地方进入了自主发展经济的阶段。

2）M 形组织结构下包干制模式的阶段性调整

在 1980—1993 年我国实行"分灶吃饭"的包干制期间，做过三次阶段性调整。从表 4-2 可以看出，三次调整都出现在中央政府财政收入占全国财政总收入比重下降的时期，调整后中央政府财政收入所占比重呈现上升的趋势。

[①] 根据张军《中央与地方的关系：一个演进的理论》中的数据及表 4-1 中的数据粗略计算而得。

表 4-2　　　　1980—1993 年间我国中央和地方财政收入比重　　单位：亿元

年份	比重		年份	比重	
	中央	地方		中央	地方
1980	24.5	75.5	1987	33.5	66.5
1981	26.5	73.5	1988	32.9	67.1
1982	28.6	71.4	1989	30.9	69.1
1983	35.8	64.2	1990	33.8	66.2
1984	40.5	59.5	1991	29.8	70.2
1985	38.4	61.6	1992	28.1	71.9
1986	36.7	63.3	1993	22.0	78.0

注：1. 中央、地方财政收入均为本级收入。

2. 本表数字不包括国内外债务收入。

资料来源：中华人民共和国财政部. 中国财政年鉴（2007）［M］. 北京：中国财政杂志社，2008.

（1）1980 年"划分收支、分级包干"的包干制

根据党的十一届三中全会后中央的有关决定精神，国务院于 1980 年 2 月颁布了《关于实行"划分收支、分级包干"的财政管理体制的暂行规定》。在巩固中央统一领导和统一计划，确保中央必不可少的开支前提下，初次划分了各级政府的财政权力，充分发挥中央和地方两个积极性，共同承担国家财政收支的责任。具体内容包括：从 1980 年年初起，除北京、天津、上海三个直辖市继续实行"收支挂钩、总额分成、一年一定"的财政体制外，对各省、自治区实行"划分收支、分级包干"的包干制。与以往财政资金分配调整最大的区别在于，地方政府在划定的收支范围内自求平衡，地方每年的各项支出，均由各地根据国民经济计划的要求和财政收入情况自行安排，中央各部门不再下达支出指标。地方财政上缴比例、调剂收入分成比例和定额补助数由中央核定下达后，原则上五年不变。

（2）1985—1988 年实行"划分税种、核定收支、分级包干"的包干制

1984 年 10 月，第二步"利改税"改革措施已经出台，使国家和企业、中央政府财政和地方政府财政的收入分配情况发生了很大的变化，客观上要求进一步调整各主体之间的权力关系。按照第二步"利改税"后的税种设置，划分中央和地方政府固定收入及中央和地方政府共享收入；中央与地方政府的支出范围仍然按照行政隶属关系划分，中央财政支出主要包括中央经济建设支出、国防、外交及中央级科教文卫事业费、行政管理费支出等，地方财政支出主要包括地方经济建设支出、地方科教文卫事业费和行政管理费支出等，并区分不同地区的情况实行上解、分成和补助。可以说，这次调整在以前"分灶吃饭"的基础上又前进了一步，并且为今后过渡到划分税种的财政体制做了铺垫。

（3）1988—1993 年实行多种形式的地方包干制

1985 年的财政体制执行中出现几个主要问题：一是十几个财政收入较多、上解比较多的地区，由于地方收入留成较少，地方政府组织财政收入的积极性受到了影响，出现了"藏富于企业"的现象，过多的减税让利影响了国家财政的稳定和平衡；二是中央财政几次下放财政权力，中央本级直接组织的财政收入占全国财政收入的比重逐年下降，财政支出却有增无减。1988 年，针对这些情况，国务院发布了《关于地方实行财政包干办法的决定》，规定全国 39 个省、自治区、直辖市和计划单列市，除广州、西安两市财政关系仍分别与广东、陕西两省联系外，对其余 37 个地方分别实行不同形式的包干办法，主要包括"收入递增包干"办法、"总额分成"办法、"总额分成加增长"办法、"上解额递增包干"办法、"定额上解"办法以及"定额补助"办法。1988 年对上海、江苏、重庆等 17 个财政收入上解比例较大的省、直辖市和计划单列市所实行的"地方财政大包干"体制，标志着包干制正式纳入我国预算管理体制。

正如企业承包制能够在一定程度上适应我国双重经济体制交替时期企业内部经营机制尚不完善、要素市场有待形成、政府宏观调控系统不够健全和灵敏的具体情况，财政包干制也应被看作是在所有者国家

（Owner-State）释放财政权力，政府权力与市场权力的界限划分尚不明确、收支制度正处于变动过程中，国家与社会各权力关系调整过渡的一种可行的选择。尽管"包干制"所涉及的财政权力下放范围是有限的，主要集中在管理层面，而且缺乏市场经济下财政权力结构的基础和法律层面的保障[①]，但"正是这有限的体制内行政性分权，开启了中国改革的航程，引发了中国社会权力关系的深刻变化"（林尚立，2001）。

4.3.3 U 形与 M 形结合组织结构下的分税制模式

包干制的分配规则是各省向中央上缴约定数量的财政收入，而剩余的归各省所支配，地方政府对于剩余的财政资金形成了实质性的财政权力。这种实质性财政权力的扩大有效地调动了地方政府的积极性，同时，也促使地方政府"想方设法来规避上缴义务，把税收收入从预算内转到预算外，这样就可以不与中央分成，它们还通过优惠税收和免税的方式'藏富于企业'"（陈抗，2002）；中央财政收入越来越少，1993年中央从每年新增收入中只能拿到 10%～20%，这样做的结果是中央财政收入出现累退，而且非常不规范。针对包干制下中央财政收入的减少，1994 年我国开始实行分税制，这是中央政府成功推行的一套新的税收分配体系，确定了中央税、地方税和中央与地方的共享税，建立起了比较规范明确的政府间财政收入的划分模式，并且建立了国家税务局来征收中央税以及中央与地方的共享税，地方税务局征收地方税。

1）U 形与 M 形结合组织结构下分税制模式的基本特征

U 形组织结构是与"条条职能"共生的，强调的是一个组织内部的纵向垂直管理，而 M 形组织结构突出的是"块块"的功能，有利于各层级部门灵活性的发挥，但在上级部门对下级部门的控制以及协调方面要落后于 U 形组织结构。

我国 1994 年实行的分税制是在之前财政包干制的基础上建立的，包干制扩大了地方政府实质性的财政权力。"在 80 年代和 90 年代初，与其他国家相比，中国地方政府的权力是很大的。地方政府拥有较大的

---

① 在没有实行社会主义市场经济之前，人们对分权都有一种普遍的担心，即借助传统体制的力量，权力重新集中可在"一夜间"实现，其依据就是分权缺乏法律和体制的实际保障。

财政支出权力，可以管制本地经济（regulation of local economy），可以管理国有企业，中国有 80% 的国有企业由地方政府负责管理，而苏联 80% 的国有企业由中央计委负责管理；地方政府投资规模非常大；地方政府对信贷的影响也非常大"（钱颖一，2001）。不过，这种地方政府实质性财政权力的扩大缺乏一个规范有效的财政权力结构作为基础，使得中央财政收入的比重日益下降，宏观调控能力被弱化；助长了地区经济封锁和重复建设，影响了资源的有效配置和优化使用，国家对经济的宏观调控政策和措施难以全面落实；中央对各地的包干比例没有统一的标准。因而在执行中，"中央财政与地方财政很容易发生利益互挤行为，实际上是包而不干"（项怀诚，1994）。

面对此种情况，中央必须重新集中财政收入，并且要进一步规范政府与企业之间的权力关系，因此，1994 年中央政府成功推行了分税制改革。为推行一套新的税收分配体系，中央政府以税收返还的方式保证地方财政收入总量不比以前低，作为一个促使地方政府妥协的激励。"伴随分税制而来的是一系列集权措施，地方政府不再能够任意减免本地企业的税收；银行被重组，银行管理机制重新集权"（陈抗，2002）。在中央的重新集权与之前地方政府实质性财政权力扩大的双重作用下，地方政府不得不在预算外、制度外寻求财政收入，"结果，大部分政府收入与开支脱离了预算的控制"（Zhang，1999）。中央政府在对税收体系进行强有力控制的同时，却很难抑制地方政府扩大其财政权力的趋势，地方政府想方设法利用非税收手段竞相收费[①]。相对于预算内的税收收入，地方政府对于地方性收费是具有实质性的财政权力的。

因此，1994 年的分税制改革实际上是在"条块结合"的组织结构下形成的财政权力结构（如图 4-7 所示），中央与地方在税收体系的控制方面呈现出"条条"的关系，而地方政府本身又会在本地区凭借其行政权力征收预算外的收入，对这部分的收入拥有完全的自主权力。地方政府之所以有如此强烈的财政权力要求，是因为建立在市场经济大环境下的经济和政治动员与传统体制下基于高度权力集中而形成的经济和政

---

① 例如 1996 年广东、四川和陕西西安的费是税的两倍（安体富、岳树民，1999），高培勇（1999）估计税收在政府总收入中的比例不到 1/3。

治动员有着根本的区别,"前者是主体对社会变化的自觉反应,后者是主体对政治要求的被动反应"(林尚立,2001)。

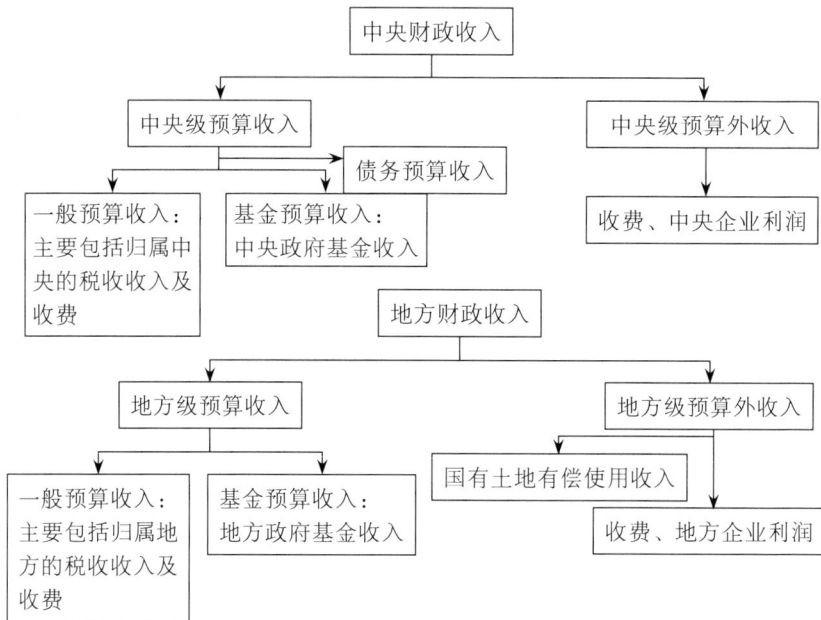

图 4-7　我国 1994 年分税制下的财政权力结构

2)U 形与 M 形相结合组织结构下分税制模式的内容及调整

根据正确处理中央与地方政府的财政分配关系、合理调节地区间的财力分配、坚持统一政策与分级管理相结合原则、坚持整体设计与逐步推进相结合原则等指导思想,1994 年的分税制改革构建起了一套比较规范的政府间税收收入分配体系,并在接下来十多年的改革实践中,根据经济社会的发展状况进行了一系列的调整。

(1)1994 年分税制改革的具体内容

我国的分税制模式是在打破原有分配格局的基础上建立的,在对既定的利益进行重新分配的同时,要建立与市场经济相适应的财政权力结构。1994 年分税制的目的在于分别建立中央和地方政府的财政收支体系,尽可能明确划分中央和地方的财政收支范围;与中央和地方收支体系相配套,分别建立中央和地方财政收入征管机构,调动中央和地方政府组织收入的积极性,并且要尽量减少分税制改革对各方面造成的"震动"，妥善处理新旧体制的衔接问题。因此，这也是我国分税制模式带有"过渡性"的主要原因。

第一，中央与地方财政收入范围的划分。从实行分税制国家的一般经验看，中央财政直接组织的收入占全国财政收入的比重保持在 60% 左右，根据这一量化指标以及各税种的属性，即维护国家权益、实施宏观调控所必需的税种为中央税，同经济发展直接相关的税种为中央与地方共享税，流动性小适合做地方税种的为地方税，划分各税种的归属。

中央财政固定税收及收入包括：关税，海关代征消费税和增值税，消费税，中央企业所得税，地方银行和外资银行以及非银行金融机构企业所得税，铁道部门、各银行总行、各保险总公司等集中缴纳的收入（包括营业税、所得税、利润和城市维护建设税），中央企业上缴的利润，外资企业出口退税（除 1993 年地方已经负担的 20% 部分列入地方上缴中央基数外，以后发生的出口退税全部由中央财政负担）。

地方财政固定税收及收入包括：营业税（不含铁道部门、各银行总行、各保险总公司集中缴纳的营业税），地方企业所得税（不含上述地方银行和外资银行及非银行金融企业所得税），地方企业上缴的利润，个人所得税，城镇土地使用税，固定资产投资方向调节税，城市维护建设税（不含铁道部门、各银行总行、各保险总公司集中缴纳的部分），房产税，车船税，印花税，屠宰税，农牧业税，对农村特产收入征收的农业税（简称农业特产税），耕地占用税，契税，遗产和赠予税，土地增值税，国有土地有偿使用收入等。

中央与地方共享税收收入包括：增值税（中央分享 75%，地方分享 25%），资源税（资源税按照不同的资源品种划分，海洋石油资源税归中央，其他的资源税归地方），证券交易印花税（中央与地方各分享 50%）。

第二，中央与地方财政支出范围的划分。中央财政支出范围包括：国防费，武警经费，外交和援外支出，中央级行政管理费，中央统管的基本建设投资，中央直属企业技术改革和新产品试制费，地质勘探费，由中央财政安排的支农支出，由中央负担的国内外债务的还本付息支出以及中央本级负担的公检法支出和文化、教育、卫生、科技等各项事业支出。地方财政支出范围包括：地方行政管理费，公检法经费，民兵事业费，地方统筹安排的基本建设投资，地方企业的改造和新产品试制经费，支农支出，城市维护和建设经费，地方文化、教育、卫生等各项事业费，价格补贴以及其他支出。

第三，中央财政对地方税收返还的确定。为了保证地方的既有财力，实现分税制的平稳过渡，原属地方支柱财源的"两税"收入（增值税收入的 75% 和消费税，下同）上划成中央收入后，基数部分由中央给予返还（即以 1993 年为基期，按分税后地方净上划中央的收入数额，作为中央对地方的税收返还基数，基数部分全额返还地方）。为了尽量减少对地方财力的影响，国务院还决定 1994 年后，税收返还额在 1993 年基数的基础上逐年递增，递增率按全国增值税和消费税平均增长率的 1∶0.3 确定，即"两税"全国平均每年增长 1%，中央财政对地方的税收返还增长 0.3%。但由于这一办法不利于调动收入增长快的省、自治区、直辖市的积极性，同年 8 月，经国务院批准，将递增率改为按本地区的增值税和消费税的增长率的 1∶0.3 系数确定。

第四，实行"双轨"运行体制。在实行中央和地方税种划分、支出划分的同时，为维护地方既得利益，对原包干体制下的分配格局暂时不做变动，即原体制实行递增上解的地区仍按原规定办法继续递增上解，原实行定额上解的地区仍按原确定数额继续定额上解，原实行总额分成的地区和原分税制试点地区，改为一律实行递增上解，即以 1993 年实际上解数为基数，从 1994 年起按 4% 的递增率递增上解。为了进一步规范分税制财政体制，1995 年对上述办法进行了调整，从 1995 年起，凡实行递增上解的地区，一律取消上解递增，改为按各地区 1994 年实际上解数定额上解。全国有 21 个省保留了原体制上解，2005 年地方上解数合计 538 亿元，16 个省区享受原体制补助，合计 128 亿元①。

第五，财政体制的配套改革。①改革税制和税收管理体制。财政分税制改革，必然以重新调整税制结构为前提，建立以增值税为主体的流转税体制，统一企业所得税、简并个人所得税、调整改进其他各项税收

---

① 李萍，等.中国政府间财政关系图解[M].北京：中国财政经济出版社，2006.

制度，并分别设置了国家税务机构和地方税务机构。此前，我国只有一套税务机构，中央税收主要依靠地方税务局代征，分设国税、地税机构是这次改革的一大特点。②改革国有企业利润分配制度。合理调整和规范国家与企业的利润分配关系，是我国实行市场经济体制改革的关键环节。根据建立现代企业制度的基本要求，结合税制改革和实施《企业财务通则》《企业会计准则》，从 1994 年 1 月 1 日起，国有企业统一按国家规定的 33% 税率缴纳所得税，取消各种包税的做法。考虑到部分企业利润上缴水平较低的现状，作为过渡办法，增设 27% 和 18% 两档照顾税率。企业固定资产贷款的利息列入成本，本金一律用企业留用资金归还，取消对国有企业征收的能源交通重点建设基金和预算调节基金，逐步建立国有资产投资收益按股分红、按资分利或税后利润上缴的分配制度。③改进预算编制办法，硬化预算约束。实行分税制后，中央财政对地方的税收返还列入中央预算支出，地方相应列入收入；地方财政对中央的上解列入地方预算支出，中央相应列入收入。改变中央代编地方财政预算的做法，每年由国务院提前向地方提出编制预算的要求，地方编制预算后，报财政部汇总成国家预算。

（2）分税制的调整及完善

1994 的分税制改革，将税种统一划分为中央税、地方税、中央和地方共享税，初步构建了分税制的基本框架。但受客观条件的制约，中央和地方财政收入以及支出划分不尽合理。1994 年以后，根据分税制运行情况以及经济发展的需要，我国税收制度和税收政策又进行了一系列的调整，在稳定分税制财政体制基本框架的基础上，中央采取了一系列调整和完善的措施。

第一，中央与地方财政间税收分享及税收政策的调整。①证券交易印花税分享比例的调整。实施分税制改革初期，证券交易印花税中央与地方各分享 50%。随着我国证券交易市场的发展，证券交易规模不断扩大，为加强中央的宏观调控能力，先后三次调整了中央与地方的分享比例。1997 年 1 月 1 日起，证券交易印花税收入分享比例调整为中央 80%，地方 20%。后因证券交易印花税税率由原来对买卖双方各征收 3‰ 调高到 5‰，调高税率后增加的收入全部作为中央收入，因此，中央与地方证券交易印花税分享比例折算为中央 88%，地方 12%。2002
年，将证券交易印花税分享比例由中央 88%、地方 12% 分三年调整到
中央 97%、地方 3%。②金融保险业营业税分享比例的调整。为了发挥
税收的调控作用，进一步理顺国家与金融、保险企业之间的分配关系，
促进金融保险企业平等竞争，保证国家财政收入，国务院决定，从
1997 年 1 月 1 日起，将金融保险营业税税率由 5% 提高到 8%。提高营
业税税率后，除各银行总行、保险总公司缴纳的营业税仍全部归中央收
入外，其余金融、保险企业缴纳的营业税，按 5% 税率征收的部分归地
方财政收入，提高三个百分点征收的部分归中央财政收入。后来为支持
金融保险行业的改革，从 2001 年起，国务院决定，金融保险业营业税
税率每年下调一个百分点，分三年将金融保险业的营业税税率降至 5%，
中央分享部分也随之消失。③企业所得税在中央与地方财政间的分享。
分税制改革时曾经设想，按照建立社会主义市场经济体制的要求，打破
企业行政隶属关系，对企业所得税实行分率共享或比例共享，但由于当
时条件还不成熟，暂维持原划分格局不变。随着政府机构改革的实施、
企业改革的深化以及地区间经济发展格局的变化，按照企业隶属关系等
划分所得税收入的弊端日益显现：一是强化了政府干预，不利于深化企
业改革，不利于公平竞争；二是收入混库问题日益突出，不利于征收管
理；三是不利于扭转地区间财力差距扩大的趋势。针对这些问题，在深
入调查研究和广泛征求地方意见的基础上，国务院决定从 2002 年 1 月
1 日起实施所得税收入分享改革，将按企业隶属关系等划分中央与地方
所得税收入的办法改为中央与地方按统一比例分享。除铁路运输、国家
邮政、中国工商银行、中国农业银行、中国银行、中国建设银行、国家
开发银行、中国农业开发银行、中国进出口银行以及海洋石油天然气企
业外，其他企业所得税和个人所得税收入实行中央与地方按统一比例分
享。2002 年所得税收入中央与地方各分享 50%；2003 年以后中央分享
60%，地方分享 40%，并明确中央因改革所得税收入分享办法增加的收
入，全部用于对地方主要是中西部地区的一般性转移支付。所得税收入
分享改革自 2002 年 1 月 1 日起实施后，国家税务局、地方税务局征管
企业所得税、个人所得税的范围暂不做变动，自改革方案实施之日起新

登记注册的企事业单位的所得税，由国家税务局征收管理。④税收政策的调整。实行分税制后，我国税制也进行了一些变革，自 2000 年 1 月 1 日起新发生的投资额，暂停征收固定资产投资方向调节税；从 2001 年大规模开始以"三个取消、两个调整、一个改革"为主要内容的农村税费改革，2004 年以后国家逐步取消了农业税和农业特产税。经过调整后的中央和地方财政收入划分情况如表 4-3 所示。

表 4-3　　　　　　**2004 年调整后的中央地方财政收入划分情况**

	中央固定收入	中央与地方共享收入	地方固定收入
现行分税制体制	关税，海关代征消费税和增值税，消费税，地方银行和外资银行以及非银行金融机构企业所得税，铁道部门、各银行总行、各保险总公司等集中缴纳的收入（包括营业税、所得税、利润和城市维护建设税），未纳入共享范围的中央企业所得税、中央企业上缴的利润等	增值税、所得税、资源税、证券交易税。增值税中央分享 75%，地方分享 25%；纳入共享范围的企业所得税和个人所得税中央分享 60%，地方分享 40%；资源税按不同的资源品种划分，海洋石油资源税为中央收入，其余资源税为地方收入；证券交易税中央分享 97%、地方分享 3%	营业税（不含铁道部门、各银行总行、各保险总公司集中缴纳的营业税），地方企业上缴的利润，城镇土地使用税，城市维护建设税（不含铁道部门、各银行总行、各保险总公司集中缴纳的部分），房产税，车船税，印花税，耕地占用税，契税，遗产和赠予税，土地增值税，国有土地有偿使用收入等

资料来源：贾康，赵全厚. 中国财税体制改革 30 年回顾与展望［M］. 北京：人民出版社，2008.

第二，逐步建立相对完善的政府间转移支付制度。1994 年实行的分税制改革，保留了原体制的结算补助等转移支付项目，并建立了中央对地方的税收返还制度，其目的在于保证地方既得利益，实现新体制的平稳过渡。在之后的改革中，根据基本公共服务均衡化以及特定政策等目标，中央逐步完善了政府间的转移支付制度。1996 年，财政部决定拨出 20 亿元试行"过渡期转移支付办法"，其基本思路是：参考国际通行做法，按照规范和公正的原则，根据客观因素计算确定各地区的标准财政收入和标准财政支出，以各地标准收支的差额作为财政转移支付的分配依据，这是我国政府间转移支付制度改革的一个突破性进展。这个办法的主要内容包括，根据"地方财政收入不足以支付本地区经常性开支的 80%"的标准，选取中西部的十八个省和自治区实施这个转移支付办法，主要目的是缓解这些地区财政能力不足的问题。转移支付公式的基本框架是：

$$\text{某地所得的} \atop \text{转移支付} = \text{该地标准} \atop \text{财政支出} - \text{该地标准} \atop \text{财政收入} - \text{税收努力} \atop \text{不足额} + \text{政策性} \atop \text{转移支付}$$

公式中的标准财政支出主要考虑标准工资和公用经费、标准财政供养人口、地区偏远程度、对农业支持的需要程度等因素。但由于中西部的大部分地区的财政属于"吃饭财政"[①]，所以决定标准财政支出的最主要的因素为财政供养人口。由于数据限制，1996 年的标准财政收入[②]采用的是 1994 年地方的实际财政收入来代替。税收努力不足额与地方实际税收和应征税收之间的差额成正比，即税收努力程度较低的地区所得的转移支付就会有较大的惩罚性扣减；政策性转移支付是指为 8 个少数民族集中的省区提供的一种额外补助。"过渡性转移支付办法"的实施并不影响其他形式的转移支付（包括包干基数的上缴和补助、税收返还、专项转移支付等），其资金来源为中央财政收入增量的一部分，并未触及各地的既得利益。2002 年实施的所得税收入分享方案，明确中央因改革增加的税收收入全部用于一般性转移支付，建立了一般性转移支付资金稳定增长的机制。同时，过渡期转移支付概念不再使用，改为"一般性转移支付"，原来的一般性转移支付改称"财力性转移支付"。

目前，我国中央政府对地方政府的转移支付主要可以分为两类：①一般性转移支付制度。一般性转移支付的基本思路是，参考国际通行做法，按照规范和公正的原则，根据客观因素计算确定各地区的标准财政收入和标准财政支出，以各地标准收支的差额作为财政转移支付的分配依据，一般性转移支付的构成如图 4-8 所示。一般性转移支付包括均衡地区间财力的均衡性转移支付、民族地区转移支付以及作为国家增

① 吃饭财政指财政收入主要用于支付工资和办公经费。
② 计算标准财政收入的理想公式是用各地的税基乘以中央政府规定的标准税率。

支减收政策配套措施的调整工资转移支付、农村税费改革转移支付等。②专项转移支付。一是为了配合实现国家的宏观政策目标，新增了一些专项转移支付项目，如配合西部大开发、保护和改善西部生态环境，对天然林保护工程、退耕还林还草工程以及由此造成的财政减收等实施转移支付；补助地方下岗职工基本生活费等社会保障类支出、贫困地区基础教育等。二是改进专项转移支付资金分配办法，加强资金监管，大多数专项转移支付都已依据客观因素分配，有专门的管理办法，不仅提高了财政资金的使用效率，还有利于从源头上防止腐败。

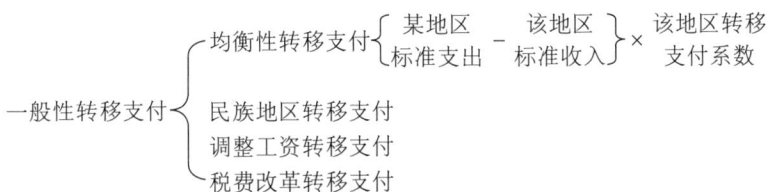

图 4-8　现行一般性转移支付的内容

第三，省以下财政体制的改进。1994 年的分税制改革仅对中央政府与省级政府的财政关系进行了界定，省以下的财政体制由各地在中央统一领导下，根据中央对省的分税制框架及具体的实际情况，在进一步明确省以下各级政府事权的基础上，陆续实行了分税制财政体制。与此同时，初步建立了相对规范的省以下转移支付制度，转移支付规模逐年扩大。2002 年所得税收入分享改革后，各地区要相应调整和完善所属市、县的财政体制，取消按行政隶属关系分享所得税收入的做法，据此，全国大多数地区相应调整了省以下财政体制。针对这种情形以及中央未对省以下财政体制作出明文规定的情况，2002 年 12 月 26 日国务院下发了《国务院批转财政部关于完善省以下财政管理体制有关问题意见的通知》，对省以下财政体制的调整和完善提出了指导性意见，要求根据本地实际情况，合理界定各级政府的事权，进一步规范地方各级政府间收入的划分，调动地方政府发展经济和增加收入的积极性。突出重点，适当增加财政困难县、乡的财力；在采取有效措施完善省以下财政体制的同时，保证各级地方财政的平稳运行，省以下财力调整主要通过增量进行。与此同时，各地也积极探索省以下财政体制"扁平化"管理的模式，实行"省直管县"和"乡财县管"政策；减少财政层级，完善地方税体系，逐步实现较为完善的分税制体制，着力解决县乡财政困难问题。截至 2011 年年底，全国共有 27 个省（市、区）对 1 080 个县实行财政直接管理，全国粮食、油料、棉花、生猪生产大县也已全部纳入改革范围（楼继伟，2013）。

5 我国现行财政权力结构有效性的缺失

从 1994 年至今，分税制实行了二十多年的时间，财政理论界对分税制改革取得的成绩给予了肯定。首先分税制建立的是一套新的税制体系，"将企业置于不分大小、不论行政级别、依法纳税、公平竞争的地位"（贾康，2006），解决了我国建立市场权力主体的一个关键性难题。其次分税制用以革除按照企业行政隶属关系组织财政收入、进行政府间财政资金分配的旧体制症结，形成稳定、规范的中央和地方政府间财政资金分配关系和地方政府长期行为；同时，中央政府财政收入权力的再次集中，使得"提高两个比重"①的目标得以实现，"分税制体制建立之后，中央预算收支占全部预算收支不断下降的趋势得到根本扭转"（张军，2008）。1994 年分税制改革的主要着眼点在于市场权力主体资格的建立以及中央财政权力主体权力的增强；也就是在对市场放权的同时，对地方政府的财政收入权力进行了上收，但"财权的调整并不意味着事权关系也同时得到理顺，通过支出体现的调控能力仍然存在较大的差

---

① 我国自改革开放以来，财政收入占 GDP 的比重呈现出逐年下降的趋势，由 1978 年的 31.2% 下降到 1993 年的 12.6%。税制改革后，1994 年下降幅度减缓，1995 年开始回升，而后则持续上升。1993 年中央财政收入占全国财政收入的比重仅为 22%，改革的当年即上升为 55.7%，而后基本上维持在 50% 左右。

距"（吕炜，2005）。财政收入权力的上收与财政支出权力的下放使得地方政府必须在这种不均衡中自行运作，从而导致整个财政权力结构在与市场经济体制的配合、公共事业的投入以及政府间关系的稳定等方面所发挥的作用相对有限。

我国已经明确了建立与国际经济接轨的现代市场经济体制的改革目标，党的十八大在提出加快财税体制改革时，也强调"坚持财政体制改革的市场化取向"的重要原则，而现代经济学的核心内容正是研究现代市场经济的运行。"它给我们提供了一个有关现代市场经济的参照系，使我们在分析中国向市场经济转轨问题时能够站在这一参照系的高度来观察貌似纷乱无序的现象"（钱颖一，2002）。因此，以市场经济下财政权力结构的有效性标准对我国现行财政权力结构进行衡量，是分析现行财政体制的途径，也是确定优化我国财政权力结构目标的前提。

5.1　政府财政权力与市场权力界定不清

西方经济学中的公共产品理论提供的是在成熟市场经济条件下，政府财政权力与市场权力界定的理论标准。目前，我国正处于计划经济向市场经济的转型期，一直遵循的是"发展优先"的渐进式改革原则，市场主体权力的形成是通过政府权力从部分领域的逐步退出而实现的，而这种退出往往又主要体现在"增量"上。"发展优先"强调的是比较优势原则下的经济增长对好制度的诱致作用，也就是说，政府财政权力和市场权力之间的制度性界定往往要滞后于市场改革的深化程度。我国财政权力与市场权力划分的滞后性又具体表现在：一是财政支出的"增量"方面，我国政府以行政权为依托的财政支出权力的界定并未发生根本性转变；二是"存量"方面，以政府所有权为依托的国有经济仍呈现出分布结构不合理、规模偏大的特点。

5.1.1　以行政权为依托的财政支出权力界定未发生根本性转变

1994 年分税制改革时，我国刚刚明确市场经济的改革目标，市场化进程尚处起步阶段，而且我国渐进式的转型路径也决定了政府财政权力与市场权力的界定是在市场化的改革中逐步明晰的，因此，改革之初不可能一步到位完成政府与市场之间权力的界定。国务院在关于实施分税制的补充法规中，指出政府支出权力的主要范围：各级政府预算主要负责党政机关的运营费用，本地区经济发展的需求，武装警察和民兵的部分运营费用，本地区融资的资本投资，企业技术革新和开发新产品试制费、农业支持费、城市维护和建设费以及本地区文化、教育、医疗卫生、价格补贴和其他支出有关的开支。从当时对政府财政支出权力的界定可以发现，除了正常的行政支出费用之外，政府的支出重点主要还是放在经济建设以及支持各地方企业发展上面，而对社会公共事业，例如教育、医疗等支出比重比较小。

以 1994 年为例，国家财政在基本建设支出、增拨企业流动资金、企业挖潜改造资金及科技三项费用和支农的支出共计 1 536.01 亿元，明显高于总计 1 373.32 亿元的文教、科学、卫生费以及抚恤和社会福利救济费等公共事业费支出。从表 5-1 我国财政支出主要项目及经济建设支出比重可以看出，1994—2006 年间，我国财政支出中经济建设支出（包括基本建设支出、企业技术革新、增拨企业流动资金、科技三项费支出、地质勘测以及农业支持等）占全部财政支出的比重始终保持在 35% 左右；而社会公共事业费支出，包括教育、医疗卫生、文化科学，抚恤和社会救济以及社会保障补助等占全部财政支出的比重，平均值在 32% 左右。这也就意味着，各级政府仍然把经济建设支出放在财政支出权力的首位，"政府行为企业化是转型期政府行为的一个明显特征，尤其是地方政府，其经济目标超过其政治目标"（周冰，2005）。目前，我国大体实现了从计划到市场的转型，政府的财政支出权力也应逐渐从经济建设领域向社会公共事业领域过渡，但从 1994—2006 年间的财政支出中，未看出政府财政支出权力重心转移的趋势。

2007 年后，政府预算收支科目进行了调整，政府预算的统计项目和口径发生了很大的变化。政府性基金包括了农网还贷资金、山西省煤炭可持续发展基金、民航发展基金、海南省高等级公路车辆通行附加费、转让政府还贷道路收费权收入、港口建设费、散装水泥专项资金、

表 5-1　　　　　　　　1994—2006 年我国财政支出主要

项目及经济建设支出比重　　　　　单位：亿元

支出项目 ＼ 年份	1994	1998	2000	2002	2004	2006
支出总额	4 290.24	7 489.1	9981.3	14 607.55	18 838.36	25 988.03
基本建设支出	639.72	1 387.74	2 094.89	3 142.98	3 437.50	4 390.38
增拨企业流动资金	17.33	42.36	71.06	18.97	12.44	16.58
企业挖潜改造资金及科技三项费用	415.13	641.18	865.24	968.38	1 243.94	1 744.56
地质勘探费	64.13	83.13	88.12	102.89	115.45	141.82
支农支出	399.70	626.02	766.89	1 102.70	1 693.79	2 161.35
建设支出总额	1 536.01	2 780.43	3 886.2	5 335.92	6 503.12	8 454.69
建设支出比重	35.80%	37.13%	38.93%	36.53%	34.52%	32.53%
工业、交通、流通部门事业费	100.77	121.56	150.07	232.38	368.21	581.25
文教、科学、卫生事业费	1 278.18	2 154.38	2 736.88	3 979.08	5 143.65	7 425.98
抚恤和社会救济费	95.14	171.26	213.03	372.97	563.46	907.68
国防支出	550.71	934.70	1 207.54	1 707.78	2 200.01	2 979.38
行政管理费	729.43	1 326.77	1 787.58	2 979.42	4 059.91	5 639.05

资料来源：中华人民共和国财政部. 中国财政年鉴（2007）[M]. 北京：中国财政杂志社，2008.

新型墙体材料专项基金、新菜地开发建设基金、新增建设用地土地有偿使用费、育林基金、森林植被恢复费、地方水利建设基金、南水北调工程基金、政府住房基金、国有土地使用权出让金收入、国有土地收益基金、农业土地开发资金、大中型水库移民后期扶持基金等；作为复式预算中的子预算，政府性基金在很大程度上可以反映各级政府在基本经济建设方面的支出情况。从表 5-2 可以看出，目前，全国政府性基金预算支出相当于公共财政预算支出的 30%~40%，国家财政承担的经济建设支出仍占较大比重。

表 5-2   2010—2013 年全国政府性基金支出与公共

财政支出对比的变化趋势   单位：亿元

支出项目 \ 年份	2010	2011	2012	2013
政府性基金预算支出	3 3951.16	3 9946.61	36 330.87	47 741.58
公共财政预算支出	8 9874.16	10 9247.79	12 5952.97	119 740.34
政府性基金预算支出/公共财政预算支出	37.78%	36.57%	28.84%	39.87%

资料来源：根据 2010—2013 年的中国财政年鉴，整理所得。

5.1.2　以所有权为依托的国有经济结构不合理、规模偏大

在市场经济条件下，国有经济的基本功能之一是纠正市场失灵，尤其是在民间企业实力强大、能够承担大部分经济增长和经济发展的情况下，国有经济的规模就要相对小一些，其部门分布也相对狭窄和集中。因此，经济的转型必然要求我国对计划经济下既有的国有经济结构和布局进行战略性调整，1997 年党的十五大提出国有经济要有进有退，有所为有所不为，国有企业要退出一般竞争性行业，国有中小企业通过多种形式放开搞活，长期亏损、资不抵债的企业和资源枯竭的矿山退出市场。这是发展市场经济，重新划分以所有权为依托的政府财政权力和市场权力的必然要求。但我国目前的国有经济结构仍存在着分布结构不合理、规模偏大的两大问题：

一是国有经济行业分布面过宽、应履行的功能错位。无论是垄断行业还是竞争行业、制造业还是流通行业、基础产业还是加工工业、军事工业还是民用工业、大中型企业还是小微型企业、城市还是乡村，都有国有经济的广泛分布。如表 5-3，表 5-4 所示，国有经济几乎遍布社会经济的各个方面，除了在煤炭、石油化工、电力、邮电通信以及交通运输这些关乎国家战略发展的国民经济重要部门外，我国的国有经济还大量分布在批发零售等贸易领域以及其他工业领域。从理论上讲，国有经济分布在市场化程度高、竞争激烈的行业或领域，一方面挤占了非国

有经济的市场主体权力，另一方面相对于非国有经济往往不具有效率上的优势。

表 5-3　　　2006 年全国国有企业按基本行业分类的利润额　　　单位：亿元

项目	利润额	项目	利润额	项目	利润额
1.农林牧渔业	37.0	纺织工业	-14.5	航空运输业	77.7
农业	25.7	医药工业	60.0	仓储业	-13.7
林业	7.4	机械工业	449.2	6.邮电通信业	1 410.8
畜牧业	-0.3	其中：汽车工业	183.1	7.批发和零售餐饮业	1 415.1
渔业	2.8	电子工业	-50.1	贸易业	1 414.5
2.工业	7 489.2	电力工业	1 068.6	餐饮业	0.6
煤炭工业	515.1	市政公用工业	-4.3	8.房地产业	374.8
石油和石化工业	3 025.8	其他工业	274.6	9.信息技术服务业	40.0
冶金工业	1 385.1	3.建筑业	142.9	10.社会服务业	451.1
建材工业	16.7	4.地质勘探及水利	9.7	11.卫生体育福利	-1.7
化学工业	264.0	5.交通运输仓储业	726.9	12.教育文化广播	91.9
森林工业	-4.0	铁路运输业	128.5	13.科学研究	102.3
食品工业	49.7	道路运输业	168.0	14.机关团体	-96.5
烟草工业	453.1	水上运输业	270.8	15.合计	12 193.5

资料来源：中华人民共和国财政部. 中国财政年鉴（2007）[M]. 北京：中国财政杂志社，2008.

国有经济的多部门分布，造成国有资源使用的浪费，以及功能上的错位。在现有的国有资产总量中，经营性国有资产比例过高，非经营性资产比例过低；在经营性国有资产中，一般性经营资产比例过高，基础产业资产比例过低。食品、纺织、机械、贸易业是典型的竞争性行业，而在这四大行业中，国有经营性资本的大量存在显然是超出了我国政府在市场经济下的功能定位。1998 年，食品工业中国有企业数量达 10 334 个，资产总额达 2 413 亿元；纺织业中国有企业数量达 3 652 个，资产总额达 3 364 亿元；机械工业中国有企业数量达 15 173 个，资产总额达 12 110 亿元；贸易业中国有企业数量近 99 826 个，资产总额达 23 491 亿元。这四大竞争性行业中国有企业的数量共达 12 8985 个，约占国有企业总数的一半，资产总额达 41 378 亿元，约占国有资产总额的 1/3。发展到 2007—2013 年间，国有经济在这四大行业中仍占有一定的比重，尤其是贸易行业；而房地产业作为典型的竞争性领域，在这期间国有经济份额也出现了只增不减的情况（如表 5-4 所示）。

表 5-4　　2007—2013 年全国国有企业按基本行业分类的利润额　　单位：亿元

年份 项目	2007	2008	2009	2010	2011	2012	2013
农林牧渔业	39.5	47.9	55.9	83.5	65.4	99.4	114.5
工业	9 790.6	6 560.0	7 855.0	11 825.6	13 448.5	11 819.7	11 873.6
建筑业	270.5	298.3	510.7	623.3	771.9	823.1	1 064.3
地质勘查及水利业	14.2	-5.8	12.1	23.3	29.7	40.1	23.3
交通运输仓储业	1 331.7	557.1	676.1	1 307.1	1 149.9	935.4	896.0
邮电通信业	1 785.3	1 778.5	1 680.7	1 460.6	1 721.6	1 863.7	1 830.6
批发和零售餐饮业	2 056.7	2 234.0	2 038.3	2 419.4	2 911.5	3 198.8	3 493.2
房地产业	625.7	611.6	891.3	1 237.8	1 331.4	1 842.3	2 313.7
信息技术服务业	76.0	94.6	97.2	111.5	82.6	76.5	128.7
社会服务业	699.2	633.6	887.8	1 119.3	1 694.8	1 833.7	1 865.1
卫生体育福利业	-0.4	2.3	2.3	3.6	30.4	22.7	13.4
教育文化广播业	109.5	110.9	131.5	190.7	228.3	227.6	288.2
科学研究和技术服务业	164.6	177,4	235.2	291.3	372.9	390.9	552.9
机关社团及其他	478.7	235.0	532.8	731.4	831.0	1 094.3	1 116.4

资料来源：中华人民共和国财政部. 中国财政年鉴（2014）[M]. 北京：中国财政杂志社，2015.

　　二是与国际水平相比，我国国有经济规模明显偏大。尽管经济转型在一些领域确立了市场权力主体的地位，国有经济固定资产投资占全社会固定资产投资的比例由 1980 年的 81.9% 下降到 2007 年的 44.5%[①]，但由于改革前国有经济投资所占的比重过高，使得我国目前的国有经济规模仍然高于市场经济国家的一般水平。即使从每年的投资增量来看，国有经济的投资在各经济部门总投资中所占的比重都要接近市场经济国家这一比例的上限。从 2007 年固定资产投资的增加额（如表 5-5 所示）来看，国有经济在航空运输、电力燃气水、矿业能源、邮政通信广播以及金融银行等基础设施和国家战略部门中仍占绝对优势，与市场经济国家比较，几乎处于其比重的上限。而在一般竞争性领域，例如商业、服务业，国有经济的比重要远远超出市场经济国家的最高水平。

表 5-5　　　　2007 年主要经济部门国有经济投资额占部门
全部投资额的比例：国际比较　　　　　　单位：亿元

部门	国有经济投资额	全部投资额	国有经济投资额占部门全部投资额的比例（%）	市场经济国家（最高年份）（%）
铁路	2 450.1	2 492.7	98	50～100
公路	6 357.4	6 926.6	92	50～100
航空运输	521.8	607.6	86	50～100
电力燃气水	7 091.2	9 088.9	78	100
矿业能源	3 456.9	5 256.1	66	20～70
商业服务业	686.4	2 190.6	31	0～20
邮政通信广播	1 293.8	1 866.0	69	80～90
金融银行	101.9	151.9	67	10～50
林业	232.1	297.6	78	0～5

资料来源：中华人民共和国国家统计局. 中国统计年鉴（2008）［M］. 北京：中国统计出版社，2009.

---

① 资料来源：中华人民共和国国家统计局. 中国统计年鉴 2008［M］. 北京：中国统计出版社，2009.

5.2 政府间财政支出权力未明确划分致使政府间分工不规范

按照市场经济下财政权力结构构建的标准，首先就要合理划分政府间的财政支出权力。1994年的分税制改革，建立在新的税收体系基础上，仅仅是比较规范地划分了政府间的税收收入，但始终未明确各级政府的财政支出权力。转型期间，在我国政府财政权力与市场权力尚不明晰的情况下，各级政府财政支出权力"重叠"或"缺失"，并进一步导致"支出决策在有些时候更多的是从政治上出发，而不是考虑如何提高政府提供服务的效率"（胡祖六，1995）。而且，在改革之初确定的也仅仅是中央与地方政府财政支出权力的大致范围。

5.2.1 我国财政支出权力的增加明显集中于地方政府

政府的预算数据对了解政府的财政支出权力是很有帮助的。当然，预算数据对于支出权力在政府间的划分所提供的信息是有限的，但这的确是界定财政实践中政府间财政支出权力划分最直接、最真实的途径。表5-6表明了我国中央政府和地方政府的实际财政支出权力范围。1978年中央财政支出占全国财政支出的份额为46%，与地方财政支出的份额54%相接近。从1994年开始，地方财政的支出份额增加至70%左右，这种支出分工的总体格局基本上一直保持至今，2006年地方财政支出占全国财政支出总额的比重达到75.3%。这就意味着，1994年分税制改革之后，我国政府财政支出的大部分权力是由地方政府行使的。

从财政支出权力的具体范围来看，中央财政的支出权力主要包括全部国防支出、一部分的基本建设支出以及债务还本付息支出（因为地方政府不具有发债权）。以2006年的数据为例，中央财政支出比重最大的是国防支出（29%），其次是基本建设支出（15%）和政府债务还本付息支出（10%）；对于地方财政支出权力而言，最重要的内容是社会公共事业费支出、基本建设支出以及支农支出，以2006年的支出比重为例，

表 5-6　　1998—2006 年期间中央政府和地方政府主要支出项目　　单位：亿元

项目 ＼ 年份	1998 中央财政支出	1998 地方财政支出	2002 中央财政支出	2002 地方财政支出	2006 中央财政支出	2006 地方财政支出
总额比重	28.9%	71.1%	30.7%	69.3%	24.7%	75.3%
基本建设支出	609.50	778.24	1 253.14	1 889.84	1 483.52	2 906.86
企业挖潜改造资金	31.85	419.42	17.09	552.69	13.11	951.51
科技三项费用	116.57	73.33	221.31	177.29	419.08	360.86
增拨企业流动资金	21.46	20.90	16.89	2.08	15.65	0.93
地质勘探费	82.10	1.03	29.90	72.99	37.95	103.87
工业、交通、流通部门事业费	46.37	75.19	67.47	164.91	135.13	446.12
支农支出	68.79	557.23	119.74	982.96	194.39	1 966.96
文化、教育、科学和医疗卫生支出	241.88	1 912.50	447.49	3 531.59	719.07	6 706.91
抚恤和社会救济费	6.34	164.92	2.68	370.29	5.61	902.07
国防支出	928.59	—	1 690.84	—	2 947.34	—
行政管理费	91.05	1 235.72	493.18	2486.24	655.15	4 983.90
政策性补贴支出	363.90	348.22	271.49	373.58	550.22	837.30
政府债务还本付息	—	—	678.55	—	975.39	—
社会保障补助支出	14.15	—	55.81	—	241.20	—
城市维护建设支出	—	439.14	—	732.43	—	1 698.69
支援不发达地区支出	—	110.80	—	141.01	—	215.92
其他支出	374.29	1 527.26	830.78	3 803.55	818.18	8 349.43

注：1. 行政管理费中包括公检法司支出和外交外事支出。

2. 从 2000 年开始，国内外债务付息支出计入财政支出。

资料来源：中华人民共和国财政部. 中国财政年鉴（2007）[M]. 北京：中国财政杂志社，2008.

这三项支出占地方财政总支出的比重分别为 22%、10% 和 6%。重要的社会公共事业费支出，例如教育、医疗卫生、文化和科学等领域，主要集中在地方，地方在公共事业方面的财政支出几乎占全国财政支出的90%，而且近年来几乎一直保持在这个比重上。从1978年以来，地方政府在工业、交通、流通部门领域的作用不断增强；1998年，中央财政和地方财政对基本建设支出的比重接近，到2006年，地方财政在基本建设方面的支出比中央财政多出了一倍；在支农支出方面，地方财政支出也出现了大幅度的增长，而中央财政在这个方面的作用并没有得到加强。

通过对预算数据的分析，可以看出，从分税制改革至今，我国的财政支出在中央和地方的分配比重一直维持在3：7~2：8之间，地方各级政府在一般公共服务、教育、文化体育与传媒、社会保障和就业、医疗卫生、环境保护城乡社区事务、农林水事务以及交通运输等民生领域承担了绝大部分的支出责任（如表5-6、5-7、5-8所示）。地方财政尤其是地级市和县级市财政成为提供社会安全网的主体，它们不仅负责向国有企业的下岗工人提供收入支持和再培训、失业保险以及城市最低生活保障计划，还要承担向地区性养老金计划提供财政支持的责任。县乡两级政府不仅负责提供基础教育和卫生支持服务，同时对推动经济增长

表5-7　　　　2007—2013年中央和地方财政支出比重

年份	财政支出（亿元）			比重（%）	
	全国	中央	地方	中央	地方
2007	49 781.35	11 442.06	38 339.29	23.0	77.0
2008	62 592.66	13 344.17	49 248.49	21.3	78.7
2009	76 299.93	15 255.79	61 044.14	20.0	80.0
2010	89 874.16	15 989.73	73 884.43	17.8	82.2
2011	10 9247.79	16 514.11	92 733.68	15.1	84.9
2012	125 952.97	18 764.63	107 188.34	14.9	85.1
2013	140 212.10	2 0417.76	119 740.34	14.6	85.4

资料来源：中华人民共和国财政部. 中国财政年鉴（2014）[M]. 北京：中国财政杂志社，2015.

表 5-8　　2007—2013 年期间中央政府和地方政府主要支出项目　　单位：亿元

年份 项目	2007		2010		2013	
	中央财政支出	地方财政支出	中央财政支出	地方财政支出	中央财政支出	地方财政支出
一般公共服务	2 160.17	6 354.07	837.42	8 499.74	1 001.46	12 753.67
外交	213.78	1.5	268.05	1.17	357.37	1.39
国防	3 482.32	72.59	5 176.35	157.02	7 177.37	233.25
公共安全	607.83	2 878.33	875.20	4 642.50	1 297.03	6 489.75
教育	395.26	6 727.06	720.96	11 829.06	106.65	20 895.11
科学技术	924.60	858.44	1 661.30	1 588.88	2 368.99	2 715.31
文化体育与传媒	127.21	771.43	150.13	1 392.57	204.45	2 339.94
社会保障和就业	342.63	5 104.53	450.30	8 680.32	640.82	13 849.72
医疗卫生	34.21	1 955.75	73.56	4 730.62	76.70	8 203.20
环境保护	34.59	961.23	69.48	2 372.50	100.26	3 334.89
城乡社区事务	6.2	3 238.49	10.09	5 977.29	19.06	11 146.51
农林水事务	313.7	3 091.00	387.89	7 741.69	526.91	12 822.64
交通运输	782.25	1 133.13	1 489.58	3 998.89	722.99	8 625.83
工业商业金融等事务	1 442.45	2 815.04	627.95	1 422.23	189.83	1 549.52
其他支出	574.86	2 376.70	—	—	—	—

注：1.2010 及 2013 年的支出分类与 2007 年略有不同。

2.2010 年工业商业金融等事务支出是由商业服务业等事务以及金融监管支出相加得出；其他与 2007 年不同的支出科目忽略不计。

资料来源：根据 2007—2013 年的中国财政年鉴，整理所得。

和发展至关重要的基本设施投资提供资金。将这些开支庞大而又重要的财政支出权力由地方政府行使，不仅非同寻常而且有违国际惯例[①]。几乎在各项支出中，地方财政支出占全部财政支出的比重都大幅度增加，

[①] 我国 2005 年医疗卫生支出的 96% 由地方政府负责，这个比例比美国要高得多。在公共医疗和卫生保健支出中，美国联邦政府在 2005 年承担了 55%，州政府承担了 45%。

近年来，这一比重又逐渐提高，2013 年达到 85.4%。

5.2.2 省以下财政支出权力划分各异但支出权力集中在基层政府

在 1994 年的分税制改革中，中央并没有对省以下政府间的财政关系进行规范，各省在参照中央对省的分税制改革的基础上，根据各地的实际情况，自行推行了各省内的分税制。省以下财政权力划分的现状各地不同，稳定性差，过渡色彩很浓重，合理化程度和规范性都不高；包含着地方各级政府间许多复杂而易变的"共享"与"讨价还价"；靠近基层的一端，往往干脆实行旧式"包干"办法，各级政府没有明确的财政支出权力。按照传统的做法，由省级政府自主决定省以下各级地方政府的支出权力和收入权力。对于财政支出权力而言，各省对所属各级地方政府有着不同的划分，有数据和资料表明，我国各省财政支出权力的分配是大不相同的。在过去的十五年时间里，我国的财政支出权力出现政府间层层下移的趋势，在省以下地方政府间同样出现了这样的问题。

根据 1994—2005 年地方一般预算支出分层级情况以及四个样本省份中省以下各级地方政府不同的支出比重可以看出，我国地方各级政府财政支出权力的划分情况（如表 5-9 所示）。尽管各省以下的地方政府之间的财政支出分工存在着很大的差异，但在所有省以下的地方政府中，县级政府的财政支出所占比重最大，占地方政府财政支出的比重高达 33% 或者更高。省以下的县和乡、镇两级财政共同提供了大部分重要的公共服务，包括 70% 的教育支出和 55%～60% 的医疗卫生支出，大部分省份中的市、地区和县级市提供 100% 的失业保险、社会保障和福利支出（黄佩华，2003）。尽管目前我国的部分省份提高了社会保障的统筹级次，将社保（养老金、抚恤金支出、医疗卫生保险和失业保险）的支出权力划分给省级财政，但仅针对养老金计划，推进省级养老金统筹取得的成功是非常有限的，而市、县级政府财政仍然负担着弥补有关资金缺口的主要责任。

表 5-9　　　　1994—2005 年地方一般预算支出分层级情况　　　单位：亿元

年份	合计	省级		地级		县乡级	
		绝对值	比重（%）	绝对值	比重（%）	绝对值	比重（%）
1994	3 930	960	24.4	1 267	32.2	1 703	43.3
1995	4 828	1 156	23.9	1 630	33.8	2 042	42.3
1996	5 786	1 377	23.8	1 957	33.8	2 451	42.4
1997	6 563	1 648	25.1	2 184	33.3	2 732	41.6
1998	7 673	2 026	26.4	2 602	33.9	3 044	39.7
1999	8 991	2 540	28.2	2 718	30.2	3 734	41.5
2000	10 454	3 060	29.3	3 196	30.6	4 199	40.2
2001	13 135	3 951	29.8	3 942	30.0	5 277	40.2
2002	15 281	4 331	28.3	4 637	30.3	6 313	41.3
2003	17 230	4 554	26.4	5 314	30.8	7 362	42.7
2004	20 593	5 341	25.9	6 323	30.7	8 929	43.4
2005	25 154	6 407	25.5	7 691	30.6	11 056	44.0

资料来源：李萍，等. 中国政府间财政关系图解［M］. 北京：中国财政经济出版社，2006.

5.3　财政收入权力集中造成地方政府收入与支出的不匹配

　　市场经济下财政权力结构的构建，实际上是要求按照各级政府的财政支出权力对税收权力进行划分，而非单纯税收收入的划分。1994 年的分税制改革是着眼于中央与地方政府税收收入分配的改革，改革的主要成效就是取消了之前中央和省级政府之间的讨价还价式的包干制关系，建立了一种相对明确、稳定的税收收入分配机制，即"把国家流转类税收和对利润所征税收在中央、省和省以下地方政府之间分享，再辅之以各级政府自上而下有条件的专项拨款体制"（罗伊·鲍尔，2000），并且建立了分别负责中央和地方税收征收和管理的相互独立的税务机构，保证了中央收入及时有效的征缴。中央在建立新的税制，并重新集中税收收入的同时，却没有赋予地方政府任何真正意义上的税收收入权力。

5.3.1 地方政府缺乏真正意义上的税收权力

1994 年实行分税制改革以来，地方政府财政预算收入占全国财政预算收入的比重呈现轻微的波动状态，比重的平均值保持在 49.5% 左右（1994—2013 年），而财政支出比重的平均值却为 81.1%（1994—2013 年）[①]。

据统计数据显示，分税制改革前中央财政基本上处于"事大财小"的状态，1993 年中央财政自给能力[②]仅为 0.73，其收支缺口只能靠增发公债和财力大省的"施舍"，这对单一制大国的经济安全构成威胁。随着分税制的实施，这一状况立即得以改善，1994 年中央财政自给能力提升至 1.66，到 2013 年则高达 2.94，而地方财政的自给能力却一直徘徊在 0.60 左右（如表 5-10 所示）。

对于地方财政而言，分税制内只有少数属于地方政府的税收是有真正意义的收入，表 5-11、5-12 反映了省及省以下地方政府各种税收收入在地方全部税收收入中的相对重要性。其中，地方政府收入中最主要的是营业税，近年来约占全部地方税收收入的 34%，增值税占 20%，所得税（企业所得税和个人所得税）占 24%，其他份额较小但仍然是地方政府主要税收来源的包括城市维护建设税占 6.5%，2004 年以前农业税占 4.5%，2004 年取消农业特产税以及降低农业税税率后，烟叶税被保留了下来，但所占份额也极其有限。2007 年后，房产税的重新开征在一定程度上填充了地方财政的收入，但就目前的征收情况来看，成为地方政府主体税种的进程还有待观望。

---

① 根据 1994—2013 年中央和地方财政支出比重计算得出。
② 财政自给能力＝当年本级财政收入/当年本级财政支出，大于 1 说明财政能力充足，等于 1 说明财政能力适宜，小于 1 说明财政能力不足。

表 5-10　　1994—2013 年期间中央与地方财政的自给能力对比　　单位：亿元

年份	中央财政			地方财政		
	本级财政收入	本级财政支出	财政自给能力	本级财政收入	本级财政支出	财政自给能力
1994	2 906.5	1 754.43	1.66	2 311.6	4 038.19	0.57
1995	3 256.62	1 995.39	1.63	2 985.58	4 828.33	0.62
1996	3 661.07	2 151.27	1.70	3 746.92	5 786.28	0.65
1997	4 226.92	2 532.5	1.67	4 424.22	6 701.06	0.66
1998	4 892	3 125.6	1.57	4 983.95	7 672.58	0.65
1999	5 849.21	4 152.33	1.41	5 594.87	9 035.34	0.62
2000	6 989.17	5 519.85	1.27	6 406.06	10 366.65	0.62
2001	8 582.74	5 768.02	1.49	7 803.3	13 134.56	0.60
2002	10 388.64	6 771.7	1.53	8 515	15 281.45	0.56
2003	11 865.27	7 420.1	1.60	9 849.98	17 229.85	0.57
2004	14 503.1	7 894.08	1.84	11 893.37	20 592.81	0.58
2005	16 548.53	8 775.97	1.89	15 100.76	25 154.31	0.60
2006	20 456.62	9 991.4	2.05	18 303.58	30 431.33	0.60
2007	27 749.16	11 442.06	2.43	23 572.62	38 339.29	0.61
2010	42 488.47	15 989.73	2.66	40 613.04	73 884.47	0.55
2013	60 198.48	20 471.76	2.94	69 011.16	119 740.34	0.58

资料来源：根据 2008 年、2011 年、2014 年的中国统计年鉴，整理所得。

由此看来，地方税中只有营业税是一种税源比较稳定且税额比较大的税种，但却并不能为地方财政提供足够的收入来源，而且营业税的税基和税率是由中央确定的；增值税和所得税虽然在地方的税收收入中所占比重也较大，但由于是中央和地方的共享税，分成的比例完全取决于中央的决策，从长期来看，也不属于地方稳定的税源。而且，1994 年分税制改革的一个主要问题是没有向地方政府提供任何具有真正意义的

表 5-11　　　　1998—2006 年地方财政各项税收收入　　　单位：亿元

税收类型	项目	1998年	2000年	2002年	2004年	2006年
中央与地方共享税中划归地方的税收收入	增值税	908.44	1 139.97	1 547.38	2 404.43	3 196.38
	资源税	61.93	63.62	75.08	98.80	207.11
	企业所得税	528.60	1 051.82	1 200.58	1 596.00	2 681.14
	个人所得税	—	510.18	605.83	694.82	981.54
	证券交易印花税	24.58	54.66	3.36	5.16	5.37
	合计	1 523.55	2 820.25	3 432.23	4 799.21	7071.54
地方税的税收收入	营业税	1 340.50	1 625.67	2 295.03	3 470.98	4 968.17
	城镇土地使用税	54.09	64.76	76.83	106.23	176.81
	农业税	365.44	298.91	421.44	242.00	45.25
	城市维护建设税	292.00	348.96	467.11	669.74	933.43
	固定资产投资方向调节税	107.55	46.28	8.01	—	—
	耕地占用税	33.35	35.32	57.34	120.09	171.12
	其他各税	721.97	448.71	648.17	591.34	1 861.89
	合计	2 914.90	2 868.61	3 973.93	5 200.38	8 156.67

注：2001 年以前的企业所得税为国有企业所得税。

资料来源：中华人民共和国财政部. 中国财政年鉴（2007）［M］. 北京：中国财政杂志社，2008.

税收权力，除了可以在法定的最高和最低税率间选择土地使用税的税率，决定是否开征筵席税和屠宰税外，目前地方政府无权改变税率或定义地方税收的税基，或决定是否开征适合地方财政的新税种，而地方税的税收立法权、政策制定权等管理权限高度集中在中央，使得地方政府在因地制宜处理当地的税收经济问题上受到了一定的限制。

5.3.2　税收收入不断上收造成地方政府财政资金紧张

现行的分税制将收入来源稳定、税源集中、增收潜力大的税种，都列为中央固定收入或中央与地方共享收入；把收入来源不稳定、税源分

表 5-12　　　　　　　2008—2013 年地方财政各项税收收入　　　　　单位：亿元

税收类型	项目	2008年	2009年	2010年	2012年	2013年
中央与地方共享税中划归地方的税收收入	增值税	4 499.18	4 565.26	5 196.27	6 737.16	8 276.32
	企业所得税	4 002.08	3 917.75	5 048.37	7 571.60	7 983.34
	个人所得税	1 488.08	1 582.54	1 934.30	2 327.63	2 612.54
	印花税	361.61	402.45	512.52	691.25	7 881.81
地方税的税收收入	营业税	7 394.29	8 846.88	11 004.57	15 542.91	17 154.58
	契税	1 307.53	1 735.05	2 464.85	2 874.01	3 844.02
	烟叶税	67.45	80.81	78.36	131.78	150.26
	城镇土地使用税	816.90	920.98	1 004.01	1 541.72	1 718.77
	房产税	680.34	803.66	894.07	1 372.49	1 581.50
	城市维护建设税	1 336.30	1 419.92	1 736.27	2 934.76	3 243.60
	耕地占用税	314.41	633.07	888.64	1 620.71	1 808.23
	土地增值税	537.43	719.56	1 278.29	2 719.06	3 293.91
	资源税	301.76	338.24	417.57	855.76	960.31
	车船税	144.21	186.51	241.62	393.02	473.96
	其他税收收入	3.54	4.76	1.78	5.22	0.73

资料来源：根据 2009 年、2010 年、2011 年、2013 年、2014 年的中国财政年鉴，整理所得。

散、征管难度大、征收成本高的税种几乎都留给了地方。在分税制实行的二十年中，中央政府对地方政府的税收收入不断上收，其中包括2002 年证券交易印花税的分享比例由中央和地方各占 50% 调整到中央占 97%、地方占 3%；同年，企业所得税和个人所得税也由地方税变为中央和地方的共享税，但中央所属企业并未纳入共享范围。政府间税收收入划分的调整近乎零和博弈，中央政府所拥有的税收收入的增加无疑就是地方政府税收收入的减少。在中央加大宏观调控的同时，地方政府财政自给能力则由 1993 年的 1.02，演变为 1994 年的 0.57，2013 年的0.58。对地方政府而言，目前靠中央转移支付"过日子""办事业"的

现象越来越突出。以 2013 年为例，全国地方本级财政一般预算收入为
6.9 万亿元，而一般预算支出为 11.97 万亿元，这就意味着支出的 42.4%
来自中央各种类型的转移支付。而且，这种现象伴随着政府层级的降低
呈反向变动，政府层级越低，依赖程度越高。1994 年分税制改革后，
县级财政赤字面一度高达 40% 以上，1998 年和 1999 年仍分别高达
31.8% 和 35.5%。2003 年全国存在财力缺口的财政困难县为 791 个，依
靠中央"三奖一补"等转移支付政策，791 个财政困难县到 2004 年减
少为 437 个，2005 年进一步减少为 177 个。据中央的调研，2008 年，
我国 2 860 多个县（市）中，财政赤字县的比例高达 73%，赤字问题
占县级财政支出总量的 77%；而全国县辖乡、村债务总规模更是高达
5 355 亿元，乡、村两级公共债务平均每县高达 2.55 亿元。

上述税收收入划分的一系列变动，几乎是在政府间财政支出权力未
做调整的前提下进行的，各级政府的财政支出权力与税收收入匹配度不
合理，出现了"小马拉大车"的问题。在现有的财政权力结构下，地方
政府无法根据本地居民的具体需求，通过税收权力来调整地区内支出权
力与税收收入之间的不匹配问题。因此，这种财政收支缺口只能依靠中
央的转移支付或预算外的非税收入来解决。

5.3.3 税收收入划分的不规范使得基层政府财政困难突出

政府间财政支出权力的下移并不意味着与其相匹配的收入权力的下
移，同样的问题也出现在省以下地方政府。1994 年的分税制并未触及
省以下地方政府的收入分配制度，省级政府按照传统的层级观念，也仅
就省级政府和地（市）级政府之间的收入分配模式进行了规定。相应
地，地（市）级政府将自主安排其与下一级地方政府——县级政府之间
的分配模式，同样地，县级政府与乡、镇级政府间的分配模式也是
如此。

1996 年以来，财政部就一直要求各省确定其与下级政府间的收入
分配模式。由于各省的自主性很大，对各地方的税收和税收返还分享方
式不同，因此，各省及省以下地方政府间存在着不同的收入分配模式，
但基本上和中央与省级的分税制架构相同。第一，收入稳定且规模较大

的税种由省与市县共享，主要有增值税（地方分享 25%）、营业税、企业所得税和个人所得税（地方分享 40%）、城镇土地使用税等①。第二，收入较少的税种由市（县）独享，目前，划归地级市或（县）市的固定税种主要有资源税、城建税、房产税、车船税和牌照税、耕地占用税、印花税、契税、土地增值税等。与此同时，部分省市在按照以上两种方式划分税收收入的同时，还规定主要行业或支柱产业的税收收入由省级独享。

由此可见，在目前的财政实践中，各省以及省以下地方政府间税收收入划分呈现出不同的局面，地方财政尤其是基层地方财政同样没有真正意义上的税收权力，收入的可预测性下降。从 1994—2005 年省地县三级财政一般预算收入占地方财政一般预算总收入比重的变化情况可以看出，与县级的支出权力日益增加的情况不相匹配的是，县乡财政收入占地方财政收入的比重由 1994 年的 41.8% 下降到 2005 年的 38.6%，平均每年下降 0.27 个百分点（如图 5-1 所示）。

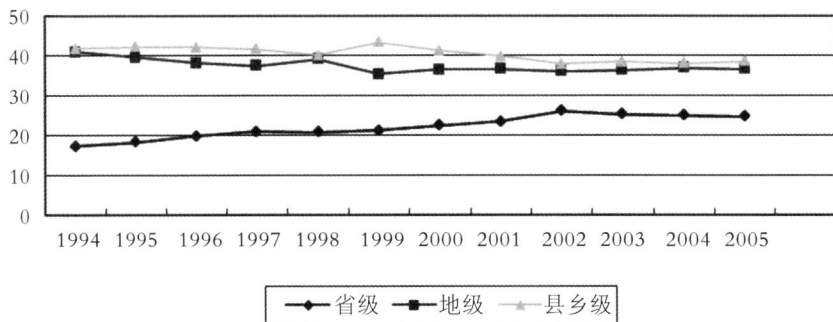

图 5-1　1994—2005 年省地县三级一般预算收入比重变化情况

资料来源：李萍，等. 中国政府间财政关系图解 [M]. 北京：中国财政经济出版社，2006.

---

① 各省对共享税收入的划分大致可以归纳为三种类型：（1）按比例分享，目前，全国共有北京、天津、河北、山西、辽宁、吉林、黑龙江、河南、山东、湖北、广西、重庆、海南、陕西、甘肃等 15 个省或直辖市按照"五五""四六""三七"等比例划分省级与市县级共享收入，多数省级分享比例略低于市县级分享比例。（2）按隶属关系划分，上海、浙江、安徽、江西等 4 个省或直辖市仍采用这种划分方式，如浙江省将增值税、营业税和企业所得税按企业的隶属关系划分省级收入和市、县级收入。（3）按比例和隶属关系交叉划分，目前，内蒙古、江苏、福建、湖南、广东、云南、四川、贵州、西藏、青海、宁夏、新疆等 12 个省按照这种方式划分共享税收收入，如广东省将增值税收入按企业的隶属关系划分，将企业所得税收入中来源于国有企业的所得税收入按企业隶属关系划分，来源于非国有企业的所得税收入由省与市县按"四六"比例分享，对营业税和个人所得税按"四六"比例分享。

这种非正式的省及省以下地方政府间的税收收入安排，使得地方政府尤其是县、乡等基层政府出现了财政困难情况，有的地区甚至无法维持基本的公共经费支出。以某省县区公用经费保障水平为例，2013 年全省县区行政单位人均公用经费保障率在 60% 以上的县区仅有 15 个，占全省县区总数的 16.7%；大部分县区的公用经费保障率在 60% 以下[①]。另外，全国各地大部分县乡住房公积金、医疗保险等工资性相关支出得不到落实；公用经费保障率水平低，农村社会公益事业发展缓慢，部分县乡财政对农村教育、卫生、文化等基本公共服务领域的投入严重不足，城乡公共服务差距逐步扩大。

5.4 现行转移支付制度未对财政权力结构起到协调作用

转移支付是在合理划分各级政府财政支出权力以及收入权力的基础上，由上级政府，主要是中央政府对各地方政府的财政收支进行必要的协调，确保财政权力结构整体功能的发挥。1994 年的分税制改革在规范政府间税收收入划分方面取得了重要的进展，但政府间财政支出权力的划分还没有明确的界定。这使得我国转移支付的确定缺少一个必要的科学前提，而目前我国现行的转移支付制度还保留着旧体制的特征，"过渡性"色彩浓重，各级政府间的转移支付制度无法有效起到弥补地方财力缺口、有效解决地区间的外部性问题以及均衡各地区财政能力的作用。

5.4.1 转移支付制度的"过渡性"色彩严重

1994 年的分税制建立之初至 1996 年，我国的转移支付是以原体制的补助和上解、税收返还以及各种专项拨款作为政府间转移支付主要内容的。第一种类型建立在 1988—1993 年推行的旧包干制体制上，即在 1994 年之后，各地（包括省、直辖市、自治区以及计划单列市）继续

---

① 赵志刚，李宁，伊峰. 辽宁县区财政预算公用经费保障情况调查 [J]. 地方财政研究，2014，10（47）.

按照 1993 年的财政承包合同向中央上缴财政收入或接受中央的补助。第二种类型是中央根据"财政收入返还"公式向各省进行转移支付，以保证各地财政收入不低于 1993 年的水平。这两种转移支付都属于一般目的的转移支付，即无条件转移支付。第三种类型包括各种专项拨款，如价格补贴，对一些教育、环保、救灾以及贫困地区发展项目提供的财政资金拨款。1994 年，大约 80% 由中央政府向地方政府提供的转移支付是无条件转移支付，但这些转移支付的主要目的并不是为了解决地区间的不均衡，而是在很大程度上强调了地方的既得利益，从而顺利推进改革的实现，并且"拨款标准的确定缺乏对地方财政能力和需求的科学测度，导致了在基数确定时的弄虚作假以及讨价还价等不规范的分配模式"（马骏，1998）。

2002 年实行的所得税分享方案将中央通过所得税分享改革增加的财政收入全部作为一般性转移支付，用于对中西部地区的转移支付，原来的过渡期转移支付概念不再使用。但一般性转移支付的采用并未取代或削减旧体制的补助、上解以及税收返还制度，以 2005 年的数据为例，中央政府对地方政府的税收返还额占转移支付总额（包括税收返还、原体制补助及中央对地方的转移支付）的 32.7%。由于税收返还的主体是增值税和企业所得税，而增值税和企业所得税主要来自制造业和服务业，因而主要建立在税收返还基础上的中央转移支付，实际上是一种扩大地方财政能力差距，且更有利于富裕和发达地区的转移支付制度。这种在既得利益基础上的转移支付使得发达地区和落后地区在经济发展和财政收支上的差距处于继续扩大之中而没有得到根本扭转。而且，如果将税收返还作为地方财政收入（而不是转移支付），地方财政对 1994 年改革以来建立的中央财政转移支付的依赖性将大大降低，即在税收返还不属于一般性转移支付的情况下，地方政府对中央政府转移支付的实际依赖程度将比预算数据反映的要小得多（如果将税收返还算作中央对地方的一般性转移支付，地方财政预算支出占地方财政预算收入的比重则快速增长，2007 年为 162.6%、2013 年为 173.5%，表明地方财政对中央财政具有高度的依赖性）。

5.4.2　均衡作用不显著且转移支付管理滞后

近年来，中央政府的财政收入占到整个财政收入的 50%～55%，但是其支出只占全国财政总支出的 25% 左右；其余的财政支出都通过转移支付的形式转移给了地方政府。在地方政府的总支出中，大约有40%[①]的财政支出是由中央转移支付提供的资金。中央对地方的转移支付数额在逐年增加，但转移支付总额的增加并不代表转移支付效率的提高，在地方有 40% 的财政支出靠中央转移支付的情况下，中央的转移支付是否能够及时有效弥补这一缺口，并在此基础上，平衡不同地区的财政收入能力、均衡各地区的基本公共服务水平就成为问题的关键。

从我国目前中央转移支付项目的构成来看（如图 5-2 所示），以 2007 年为例，一般性转移支付的数量以每年 50% 以上的速度增长，但其占财力性转移支付的比重为 35.3%，占全部转移支付额的比重仅为16%，而发达国家，如日本的这一比重能够达到 40.5%。除了一般性转移支付在规模上难以保证财政补助资金的充裕性之外，由于我国地域广阔，经济社会二元结构比较明显，地区间财政收支差异较大，尽管标准收支的相关因素测算在一定程度上反映了地区的财政状况（对民族地区、革命老区、边境地区加入了特殊因素的考虑），但受测算级次及技术方法的限制，以及对个别地区特殊因素考虑不够充分、针对性不强等因素的影响，一般性转移支付很难完全弥补地方财政收支的缺口，甚至与地方收支缺口存在很大差距。

除一般性转移支付之外，我国目前其他的财力性转移支付资金基本上被用作贯彻落实国家的宏观调控政策。例如，1999 年出台并于 2001年作出两次调整的为提高低收入者收入水平的分配政策的转移支付、从2000 年起加大对民族地区（民族省区和非民族省区的民族自治州）的转移支付力度的转移支付、2004 年起对取消农业特产税以及降低农业税税率而减少的地方财政的转移支付、以"三奖一补"的形式对县乡财

---

① 2005 年，中国地方政府总收入中的 43% 依赖中央的转移支付，而在美国这个比例（2004 年）约为 22%，比中国低整整 21 个百分点。

中央对地方转移支付
- 财力性转移支付 7 093 亿元，50.7%
  - 一般性转移支付，2 505 亿元，35.3%
  - 民族地区转移支付，173 亿元，2.4%
  - 农村税费改革转移支付，759 亿元，10.7%
  - 调整工资转移支付，2 234 亿元，31.5%
  - 县乡奖补转移支付，339 亿元，4.8%
  - 其他财力性转移支付，1 083 亿元，15.3%
- 专项转移支付 6 869 亿元，49.3%
  - 教育，391 亿元，5.7%
  - 科学技术，75 亿元，1.1%
  - 社会保障和就业，1 961 亿元，28.4%
  - 医疗卫生，630 亿元，9.1%
  - 环境保护，748 亿元，10.8%
  - 农林水事务，961 亿元，13.9%
  - 其他专项转移支付，2 133 亿元，30.9%

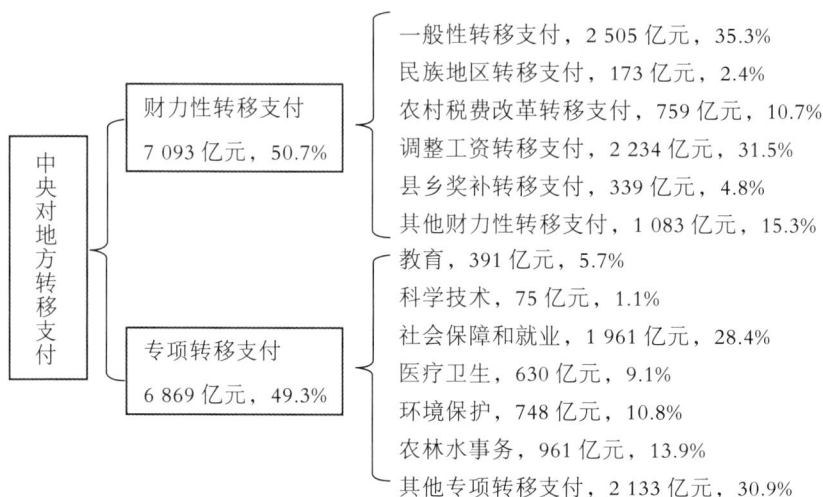

图 5-2　2007 年中央对地方转移支付的情况[①]

资料来源：中华人民共和国财政部网站 http://www.mof.gov.cn/mof/。

政进行激励约束的转移支付，这实质上都是中央为其委托下派给地方政府的支出任务进行"买单"的一种形式，并没有增加地方可支配的财政资金数量。而且，对于东部沿海比较发达的地区，这种宏观政策调控型转移支付的比重要远远小于中、西部地区，甚至是由地方政府自行解决。例如，北京、天津、上海、浙江、江苏、广东、大连、青岛、宁波、厦门、深圳等所辖县不列入为缓解县乡财政困难的转移支付（"三奖一补"转移支付或县乡财政奖补资金）的奖励范围；2003 年调整工资转移支付办法也规定，北京、上海、天津、江苏、浙江、福建、广东7 省（直辖市）以及沈阳、大连、济南、青岛四市自行负担增加机关事业单位职工工资和离退休人员离退休费的支出。对于自行负担的地区来说，相当于中央又将一部分财政支出权力下放，但却没有与之相匹配的财政收入，地方政府的财政负担加重。近年来，为了增加一般性转移支付的比重，相应地压缩专项转移支付，2009 年之后财政部逐步把将需要较长时期安排补助经费，且数额相对固定的专项转移支付，划转列入一般性转移支付，作为一般性转移支付的子项目；但除了均衡性转移支付、民族地区转移支付、定额补助（原体制补助）以及结算财力补助之

----

① 2009 年之后，财力性转移支付更名为一般性转移支付，其中包含均衡性转移支付及民族地区转移支付、农村税费改革转移支付等子项目。

外的所有项目，均为指定用途。因此，一般性转移支付的均衡性并未完全显现。

转移支付管理的滞后主要是针对用于特定用途的专项转移支付。目前，我国专项转移支付项目过多，且缺乏程序化、公式化的分配办法，随意性大。从 2007 年的转移支付情况来看，专项转移支付占全部转移支付的 49.3%，主要用于社会保障和就业、农林水事务、环境保护和医疗卫生等特定用途。理论上，专项转移支付（专项补助）的范围一般都限定在具有明显外溢性、需要两级或多级政府共同分摊其成本费用的某些基础性项目和公益事业项目内，并按事先确定的公式和经费分摊标准计算分配，若调整、变动也应按法定程序进行。与之相比，我国中央政府对地方政府的专项补助种类繁多，几乎覆盖了所有的预算支出科目，并且补助对象涉及各行各业。同时，不少专项补助资金的分配使用缺乏财政支出权力的依据，费用分摊标准和专项资金在各地区之间的分配方法都缺乏严格的制度约束，随意性大，客观性差，多是凭主观臆断或地方配套资金的高低来确定补助地区和补助额，难免出现资金使用的分散、浪费和低效率等情况。一般来说，富裕地区往往能够提供数量较大的配套资金，所以得到的专项补助就多，实际上产生了负的均衡化效应。而且，中央政府缺乏对专项补助项目的管理和监督能力，在专项补助资金拨付的过程中，往往出现被层层截留和挤占、挪用的情况，专项补助资金的使用效率也无法得到保证。

5.4.3 省以下转移支付制度因省而异缺乏规范性

现行转移支付制度更多关注的是中央与省两级政府财政状况，而对省以下地方政府间的转移支付没有统一的规定，具体制度设计因省而异，缺乏规范性。目前，我国地方政府财政特别是县乡级财政面临着严峻的局面，一部分基层政府濒临财政危机，甚至政府运转难以为继。普遍下移的财政支出权力以及各省不同的收入分配方案，扩大了基层财政收支的缺口，而缺口还未被政府间有效的转移支付所弥补。财政权力结构的不均衡，致使财政运行中出现了一些新问题，突出表现为在全国财政收入高速增长的同时，许多地方县乡两级政府的财政困难却与日俱增，工资欠发普遍化，赤字规模不断扩大，实际债务负担沉重，财政风险日渐膨胀。

从全国范围来看，2009 年省、地、县三级人均财力比为 3.4：3.1：1.0，省级及地级人均财力都大大高于县级，省对省以下地方政府尤其是县级财政的财力性转移支付仍需要进一步加强。现行省以下的地方政府之间还未建立起一套规范有效的转移支付制度，存在的问题主要包括：转移支付资金分配标准各地的差异性很大，既有"因素法""基数增长法"，又有"定额补助法""来源地返还法"等，各种算法的政策导向不同。在"因素法"的测算中，有的地方直接使用决算数作为市县级财政的标准收入，标准财政供养人口基本上依据实际在编人口简单调整，转移支付系数未能充分反映财政困难程度和支出成本差异。部分地区的一般性转移支付资金分配仍然沿袭"基数加增长"的办法和保证既得利益的思路，仅对年度转移支付增量实施均衡化分配，未能引入自动进入和退出机制，强化了旧体制下部分市县的"身份"意识。转移支付的种类繁多，但总体效率比较低，根据各地转移支付项目设立的政策目标，可将目前省对省以下地方政府的转移支付划分为以下四种类型：第一类是为了落实国家特定的宏观经济政策而实施的，例如农村税费改革、调整工资、退耕还林等转移支付；第二类是旨在推进地区间公共服务均衡化的一般性转移支付；第三类是为体现对特殊地区的照顾而设立的，如考虑民族地区、革命老区、困难地区及其他特殊因素的转移支付；第四类是着眼于对所辖市县增收节支、发展经济、实施激励约束而设立的激励性转移支付。多元化的政策目标，使转移支付缺乏科学性，重复设置的项目多，影响了转移支付资金使用的规模效应。

6 我国地方政府财政权力分析

在上一章中，根据市场经济下财政权力结构的构建依据，对我国现行财政权力结构的有效性进行了分析。我国现行财政权力结构有效性缺失的根本原因在于，政府间财政权力没有得到明确规范的界定，地方政府无法作为相对独立的一级财政权力主体履行其职能。地方政府在"分权"的大趋势下，从中央政府的分支机构到逐渐建立财政权力结构中的一级权力主体地位，是市场化的要求，也是财政权力结构有效性的要求。我国从计划经济下"金字塔式"的权力分配格局到市场经济下扁平化的权力结构，这种权力的重新配置一直是以中央政府为主导的。1994年的分税制改革，中央政府将更多的财政支出权力下放，却将税收收入权力上收，只对税收收入在中央和省级政府间进行了比较规范的划分，而地方政府几乎不拥有实质性的税收收入权力。财政支出权力的下放，使得各级政府之间要不就是支出权力的重复交叉、要不就是支出权力严重缺位，没有明确的标准可循。既定的税收收入与无明确规定的支出权力，使得地方政府在现有的权力范围内无法有效的承担辖区内的各项职能。地方政府不得不依据本辖区的行政权力，寻求大量地方自主性很强

的财政权力。与对税收收入权力的严格控制不同，中央政府对地方政府
征收非税收入的管理却相对松散，并且往往是以发布"通知"或出台
"管理办法"的方式进行"追加式授权及管理"，具有滞后性；同时，由
于缺乏法律的严肃性，各地方政府部门在执行过程中差异性很大，导致
了很多权力滥用的情况。而且，相对于预算内财政支出权力，地方政府
利用预算外非税收入所行使的财政支出权力几乎不受到任何限制。

6.1 我国法律层面对地方政府财政权力的界定

"宪法的基本内容主要可以分为国家机关权力的正确行使和公民权
利的有效保障两大部分"（李龙，1996）。因此，国家权力的合法设置与
运作，市场经济下的"有限"而且"有效"的宪政政府的建立是必须通
过宪法来规范制定的。财政权力作为制约国家或政府无限权力的天然资
源障碍，是宪法所要规范的重要政府权力。各级政府对财政权力的行使
也都要依据我国宪法以及在宪法精神下所制定的法律的要求，而我国目
前的法律对各级政府的财政权力尤其是地方财政权力未作出明确的规
定，使得各级政府在行使财政权力时缺乏必要的"限制"和"保障"。

6.1.1 我国《宪法》对地方政府财政权力的界定

所谓宪政，核心就是限政。宪法对于各级政府的财政权力起到了根
本性的赋予及约束作用，"国家政权机关的内部及其与社会整体利益之
间的这种对立统一的矛盾运动，也从根本上决定了对财政关系进行法律
调整的必要性"（王源扩，2001）。我国是一个单一制国家，中央和地方
国家机构权力的划分，遵循的是中央统一领导，充分发挥地方主动性、
积极性的原则，财政权力结构的构建遵循的同样也是"统一领导、分级
管理"的原则。因此，我国宪法中并没有关于政府财政权力，尤其是财
政收入权力的明确规定，对政府间财政权力如何划分也没有作出说明，
但"服从中央的统一领导"始终是各项权力界定的基本原则。

宪法作为规制政府权力的根本大法，对中央政府和地方政府财政权
力划分这样重大的问题，理应有相应的规定。然而《中华人民共和国宪

法》（以下简称《宪法》）①总纲的第三条仅仅规定了划分政府间权力的一个原则，即"中央和地方的国家机构职权的划分，遵循在中央的统一领导下，充分发挥地方的主动性、积极性的原则"，这是我国处理政府间权力划分的首要原则也是基本原则，这一原则是通过全国人民代表大会和国务院对各级政府机构的统一领导实现的。

《宪法》第五十七条规定，"中华人民共和国全国人民代表大会是最高国家权力机关，它的常设机关是全国人民代表大会常务委员会"，全国人民代表大会常务委员会有权"撤销省、自治区、直辖市国家权力机关制定的同宪法、法律和行政法规相抵触的地方性法规和决议"。地方各级人民代表大会作为地方国家权力机关，"在本行政区域内，保证宪法、法律、行政法规的遵守和执行；依照法律规定的权限，通过和发布决议，审查和决定地方的经济建设、文化建设和公共事业建设的计划"。由此可见，地方各级人民代表大会的立法权力明显受到全国人民代表大会的制约，尤其是关于财政权力方面的规定。

《宪法》第八十五条以及第八十九条规定，"中华人民共和国国务院，即中央人民政府，是最高国家权力机关的执行机关，是最高国家行政机关"，"统一领导全国地方各级国家行政机关的工作，规定中央和省、自治区、直辖市的国家行政机关的职权的具体划分"。我国《宪法》第一百一十条还规定，"地方各级人民政府对本级人民代表大会负责并报告工作，同时，地方各级人民政府对上一级国家行政机关负责并报告工作，全国地方各级人民政府都是国务院统一领导下的国家行政机关，都服从国务院"。在《宪法》没有明确地方政府的财政权力主体地位及其与中央政府的财政权力划分关系的情况下，这种规定会导致中央政府，尤其是中央国家行政机关所掌控的财政权力过大，中央行政机关通过行政层级对地方政府进行政策的贯彻和财政权力上的控制、管理。

现行《宪法》在对国家权力机关和行政机关权力划分的同时，并没有对中央政府和地方政府之间的财政权力划分，尤其是没有对地方政府的财政权力作出单独的说明。《宪法》在第十九条至第二十六条列明了

---

① 根据 2004 年 3 月 14 日第十届全国人民代表大会第二次会议通过的《中华人民共和国宪法修正案》整理。

我国政府的主要职能，"国家发展社会主义的教育事业""国家发展自然科学和社会科学事业""国家发展医疗卫生事业""国家发展文化事业""国家保护和改善生活环境和生态环境""国家维护社会秩序"。在此基础上，《宪法》在第一百零七条又规定了地方政府的基本职能，"县级以上地方各级人民政府依照法律规定的权限，管理本行政区域内的经济、教育、科学、文化、卫生、体育事业、城乡建设事业和财政、民政、公安、民族事务、司法行政、监察、计划生育等行政工作，发布决定和命令，任免、培训、考核和奖惩行政工作人员"。依据此规定可基本限定县级以上地方政府的财政支出权力，但地方政府拥有的财政支出权力几乎是中央政府的"翻版"。换言之，基本上没有对中央与地方政府的职能进行明确分工。除了国防、外交、戒严等事权专属中央外，地方政府和中央政府在经济、教育、科学、文化、卫生、民政、公安、司法、监察、计划生育等方面的财政支出权力，只有地域范围的差异，而没有支出权力范围的区别。没有明确中央政府在国家职能的行使方面所应具有的财政支出权力，这也是造成我国目前财政权力结构中财政支出权力能够层层下放的主要原因。

同时，现行《宪法》对地方政府的财政收入权力，主要是税收权力没有作出任何说明，税收权力在政府间的实际划分是由中央政府即国务院通过颁布行政法规来加以规定的，这就使得税权划分的过程成了中央与地方博弈的过程。根据"统一领导"的原则，基本决定了我国地方税种的税基和税率都要由中央政府决定，地方政府基本上没有制定地方性税收法规的权力，"中央与地方关系的规则缺乏宪法基础，使中央政府更容易单方面改变'游戏规则'"（王绍光，1997）。这也就意味着地方政府在履行宪法规定的职能时并没有法定的收入权力作为运行保障。

6.1.2 我国《预算法》对地方政府财政权力的界定

现代宪政制度的演进是以议会争取预算的斗争为起点的，预算是实现宪政的必要手段，其本质是对政府行为的规范和约束。而《预算法》是宪政国家最重要的经济法律之一，依据一国宪法的精神，对政府财政收支权力以及政府间财政权力的划分进行法律上的规定，是各级政府行使财政权力最直接的根据。我国现行的《预算法》是 1994 年 3 月 22 日由第八届全国人民代表大会第二次会议通过的，随着财政实践的发展，现行《预算法》的部分条款已显得过于原则，缺乏可操作性。

我国《预算法》①第二条规定，"国家实行一级政府一级预算，设立中央，省、自治区、直辖市，设区的市、自治州，县、自治县、不设区的市、市辖区，乡、民族乡、镇五级预算"，同时，"各级预算应当作到收支平衡"，这就意味着各级政府财政是作为独立的一级权力主体存在的。但《预算法》第三十五条规定，"国务院应当及时下达关于编制下一年预算草案的指示。编制预算草案的具体事项，由国务院财政部门部署"。第三十六条规定，"省、自治区、直辖市政府应当按照国务院规定的时间，将本级总预算②草案报国务院审核汇总"，并由"全国人民代表大会审查中央和地方预算草案及中央和地方预算执行情况的报告""县级以上地方各级人民代表大会审查本级总预算草案及本级总预算执行情况的报告"。在这种预算管理权限的界定下，上级预算会对下级预算、中央预算会对地方预算在一定程度上形成影响和制约。本级人民代表大会并不拥有完全的预算管理权力，预算内财政收支权力的行使要受到本级以及上级人民代表大会的批准和审查。

关于中央政府与地方政府间财政权力的划分，《预算法》在第八条中规定，"国家实行中央和地方分税制"。《预算法实施条例》（以下简称《条例》）对第八条进行了解释，"《预算法》第八条所称'中央和地方分税制'是指在划分中央与地方事权的基础上，确定中央与地方财政支出范围，并按税种划分中央与地方预算收入的财政管理体制"，规定"分税制财政管理体制的具体内容和实施办法，按照国务院的有关规定执行，报全国人民代表大会常务委员会备案"。分税制的具体内容在《预算法》中并没有给出明确的规定，而是由国务院于 1993 年 12 月 15 日以国发〔1993〕85 号《关于实行分税制财政管理体制的决定》的形式颁行的；《预算法》只是在第二十一条中规定，"预算收入划分为中央

---

① 根据 1994 年 3 月 22 日第八届全国人民代表大会第二次会议通过的《中华人民共和国预算法》整理。
② 《预算法》第五条规定，地方预算由各省、自治区、直辖市总预算组成。地方各级总预算由本级政府预算（以下简称本级预算）和汇总的下一级总预算组成；下一级只有本级预算的，下一级总预算即指下一级的本级预算。没有下一级预算的，总预算即指本级预算。

预算收入、地方预算收入、中央和地方预算共享收入；预算支出划分为中央预算支出和地方预算支出"。另外，《条例》还规定"县级以上地方各级政府应当根据中央和地方分税制的原则和上级政府的有关规定，确定本级政府对下级政府的财政管理体制"，这就意味着中央对省以下地方政府间财政权力的划分不会作出法律上的界定。直到 2002 年 12 月 26 日，国务院才下发了《国务院批转财政部关于完善省以下财政管理体制有关问题意见的通知》，对省以下财政体制的调整和完善提出了指导性意见，要求根据本地实际情况，合理界定各级政府的事权，进一步规范地方各级政府间财政收入划分，调动地方政府发展经济和增加收入的积极性。同时，《预算法》第二十八条还规定，"地方各级预算按照量入为出、收支平衡的原则编制，不列赤字。除法律和国务院另有规定外，地方政府不得发行地方政府债券"，限制了地方政府通过发债融资的财政收入权力。

6.2 我国地方政府税收收入权力的衡量

我国的地方财政权力源于中央对财政权力的释放，"一般是指按照分职治事和受益范围等原则，在政府间合理地划分财政权力，把由地方政府分散行使比由中央政府集中行使更为有效的财政权力审慎地、有步骤地下放给地方政府"（卢洪友，2001），即将一定的税收收入权力和财政支出权力向地方政府下放，或者说，赋予地方政府一定程度的财政自主权。因此，可以这样描述一国的地方财政权力：在该国的财政权力结构内，地方政府拥有一定的财政支出范围，财政收入权力（主要是税收权力）以及地方政府自主决定其预算支出规模和支出结构的财政权力。而权力总是同利益联系在一起的，由于税收收入是各级政府行使财政权力的经济前提，因此，市场经济下的各级政府作为相对独立的权力主体，财政权力的大小很大程度上取决于其所掌握的税收权力的大小。

6.2.1 衡量财政收入权力的主要经济指标——税收控制指数

衡量地方财政权力的传统指标是根据财政资金在中央和地方之间的

分配来衡量的，即一般根据财政预算或决算报表中地方财政收入或支出占全国财政收入或支出的比重来反映。显然，传统方法仅仅是对地方政府在中央的统一分配下所能运用的财政资金的一种测量，所占比重的增加或减少可能完全取决于地方经济发展水平以及地方政府自身活动规模的扩张或缩减，而与地方财政权力的大小无关。林毅夫和刘志强认为，用一省的开支占全国总开支的比率（或者是该比率的变化）来衡量地方的财政权力并不符合中国的实际情况。这一方法的问题在于，在这种指标中，分母都是相同的，即全国财政总支出，所以地方财政权力大小就完全取决于一省的支出水平。若地方政府的支出数额越大，地方财政权力也就越大。所以，地方支出数额最高的那个省就意味着享有最高的财政自由度。但实际情况却并非如此，因为某个省的支出数额的大小只反映了该省的人口和经济规模，而不是该省在财政上所拥有的权力空间[①]。

而真正意义上的地方财政权力主要体现在其所掌握的税收权力上，为弥补传统指标未能反映出地方政府所拥有财政权力大小的缺陷，经济合作与发展组织（OECD）设计了税收自主权指标及其权重（如表6-1所示）。首先，将地方政府的税收收入按税收控制权从高到低分为六个等级，其中 A、B、C 三项是指地方政府拥有税种的开征权以及税基、税率的决策权；在共享税 D 中，地方政府对 d_1、d_2 有一定控制参与权，而对 d_3、d_4 则根本没有控制权；更低的地方税收控制权表现在地方税种的税基和税率只能在上级政府规定的范围内变化，或完全由中央政府决定地方税种的税基和税率。其次，根据地方政府对税种控制权的强弱分别赋予权重。最后，用各类税权所获得的地方收入占地方税收总收入的比重乘以相应权重得出税收控制指数（Index of Tax Control），从而衡量出地方政府所拥有财政权力的大小。

"资源的配置格局"并不等同于"权力结构"，现代政治学认为"资源"是"权力"的基础，但分散的"资源"仅仅是权力赖以形成的必要条件，而不是充分条件。与传统的地方财政权力指标（地方财政开支占全国财政开支的比重）相比，这种衡量方法更多的是侧重于政府间财政

[①] 林毅夫和刘志强提出在实证分析中，应使用各省级政府对财政收入增加额的边际分成率来衡量地方财政权力也许更符合我国财政体制的实际情况。但由于数据收集的限制，无法通过这个指标来衡量。

表 6-1 税收自主权指标及权重

税收自主权指标	权重
A 地方政府决定税率和税基的税种	1.0
B 地方政府决定税率的税种	0.8
C 地方政府决定税基的税种	0.7
D 共享税	0.6
d_1 由地方政府决定分享比例的税种	0.5
d_2 分享比例的改变必须征得地方政府同意的税种	0.4
d_3 分享比例的改变由联邦（中央）政府单方面改变（通过立法）	0.3
d_4 分享比例的改变由联邦（中央）政府单方面改变（通过年度预算）	0.2
E 地方税种的税基或税率只能在上级政府规定的范围内变化	0.1
F 由联邦（中央）政府决定税基和税率的税种	0.0

资料来源：根据 OECD 1999 相关资料整理所得。

权力的划分，而非仅仅停留在对地方财政资金数量的测量上。因为，与地方政府对地方财政资金的控制相比，税率设定权和税基调整权是地方财政收入权力第一层次的权力。尤其是针对我国的实际情况，通过区分中央政府与地方政府在税收权力上的差异，考虑从中央政府到地方政府的垂直管理中，地方政府的财政收入受中央政府影响的因素及程度，税收权力是更具根本性的财政权力。同时，税收控制指数这一衡量指标避免了由于政府间人口规模、经济规模、支出结构等方面的差异对传统指标所产生的影响，能够比较客观地反映出地方政府所拥有的财政权力空间。

6.2.2 传统指标下我国地方政府税收收入的权力衡量

根据 1999 年国际货币基金组织的测算，我国地方的税收控制指数仅为 0.19，而英国、荷兰、西班牙、芬兰等国的地方税收控制指数都在 0.8 左右，比利时为 0.65、奥地利为 0.38，新西兰则高达 0.95[①]。我国地方政府几乎没有税收自主权，即在现行的财政权力结构下，"最终进入

---

① 资料来源：IMF, Government Finance Statistics Yearbook；OECD. Taxing Powers of State and Local Government [J]. OECD Tax Policy Studies, 1999.

地方政府预算的地方级税收收入取决于中央确定的税基、税率、税收征管、地方政府的收入任务和收入分享公式。另外，留存资金由中央政府向省级政府，再由省级政府向下级地方政府拨付"（罗伊·鲍尔，2000）。尽管《预算法》确立了一级政府一级预算，各级预算应当收支平衡的制度，但我国各级政府却无法根据本地实际情况，利用税收权力筹集必要的财政资金。因此，对我国地方政府税收收入权力的衡量只能借助传统指标，通过对我国地方财政收入（主要是税收收入）占全国财政收入（主要是税收收入）的比重来衡量地方政府在既定的税收收入的份额中所行使的支配权力。

由于我国税收收入占一般公共预算收入的 90% 左右，因此，通过对政府间预算内财政收入比重的比较就能得出中央与地方政府间税收收入划分比重的变化。1994 年的分税制改革实现了提高"两个比重"的目标，尽管国家财政收入占 GDP 比重的提高比较缓慢，但中央财政收入占全国财政收入的比重却大幅度提高，而地方本级财政收入占全国财政收入的比重却相应降低。表 6-2 的数据表明，我国地方财政收入的比重整体呈下降的趋势，从 20 世纪 70 年代 72.7% 的平均比重，下降到 20 世纪 80 年代 57.9% 的平均比重，分税制改革后，地方本级财政收入占全国财政收入的比重平均为 48.2%。从这一指标来看，我国地方政府所能支配的税收收入比重相对于分税制改革前大大降低。

地方政府财政预算总收入，除了本级的税收收入，还包括本级的非税收入和来自中央政府对地方政府的转移支付。而地方本级的非税收入是不需要与中央政府分享的，属于地方的自主收入。从财政年鉴的统计数据来看（如表 6-3 所示），我国地方财政预算总收入中，非税收入的数量尽管呈上升趋势，但所占比重不高，除了 2006 年，其他年份非税收入的比重都在 10% 以下。地方财政预算总收入主要是本级税收收入和中央转移支付的收入，而地方本级税收收入比重要略高于中央转移支付收入的比重；2002 年由于所得税从地方税变为中央与地方共享税，地方政府本级的税收收入比重明显下降，比过去年份平均下降了 6 个百分点，导致地方财政对中央转移支付的依赖性进一步增强，地方政府财政的相对独立性减弱。

表 6-2 我国地方财政收入占全国财政收入的比重 单位：亿元

年　份	全国财政收入	中央财政收入	地方财政收入	地方财政收入占全国财政收入的比重（%）
20世纪70年代	—	—	—	平均72.7
20世纪80年代	—	—	—	平均57.9
1994	5 218.10	2 906.50	2 311.60	44.3
1995	6 242.20	3 256.62	2 985.58	47.8
1996	7 407.99	3 661.07	3 746.92	50.6
1997	8 651.14	4 226.92	4 424.22	51.1
1998	9 875.95	4 892.00	4 983.95	50.5
1999	11 444.08	5 849.21	5 594.87	48.9
2000	13 395.23	6 989.17	6 406.06	47.8
2001	16 386.04	8 582.74	7 803.30	47.6
2002	18 903.64	10 388.64	8 515.00	45.0
2003	21 715.25	11 865.27	9 849.98	45.4
2004	26 396.47	14 503.10	11 893.37	45.1
2005	31 649.29	16 548.53	15 100.76	47.7
2006	38 760.20	20 456.62	18 303.58	47.2
2007	51 321.78	27 749.16	23 572.62	45.9
2008	61 330.35	32 680.56	28 649.79	46.7
2009	68 518.30	35 915.71	32 602.59	47.6
2010	83 101.51	42 488.47	40 613.04	48.9
2011	103 874.43	51 327.32	52 547.11	50.6
2012	117 253.53	56 175.23	61 078.29	52.1
2013	129 209.64	60 198.48	69 011.16	53.4
1994年至今	—	—	—	平均48.2

注：1. 中央、地方财政收入指按财政体制划分的中央本级收入和地方本级收入。

2. 财政收入部分不包括国内外债务收入；财政支出部分不包括国内外债务还本付息支出和利用国外借款收入安排的基本建设支出。2000 年及以前的数据为财政决算数，2001 年及以后的数据为预算执行数。

资料来源：根据中经网数据中心，整理所得。

表 6-3 　　　　　　　　我国地方财政总收入构成比重 　　　　单位：亿元

年份	地方财政总收入 (1)	地方本级税收收入 (2)	地方本级非税收入 (3)	中央转移支付收入 (4)	比重 (2)/(1)	比重 (3)/(1)	比重 (4)/(1)
1998	7 672.58	4 438.45	545.5	2 688.63	57.85%	7.11%	35.04%
1999	9 035.34	4 934.93	659.94	3 440.47	54.62%	7.30%	38.08%
2000	10 366.65	5 688.86	717.2	3 960.59	54.88%	6.92%	38.21%
2001	13 134.56	6 962.76	840.54	5 331.26	53.01%	6.40%	40.59%
2002	15 281.45	7 406.16	1 108.84	6 766.45	48.47%	7.26%	44.28%
2003	17 229.85	8 413.27	1 436.71	7 379.87	48.83%	8.34%	42.83%
2004	20 592.81	9 999.59	1 893.78	8 699.44	48.56%	9.20%	42.25%
2005	25 154.31	12 726.73	2 374.03	10 053.55	50.59%	9.44%	39.97%
2006	30 431.33	15 228.21	3 075.37	12 127.75	50.04%	10.11%	39.85%

资料来源：中华人民共和国财政部．中国财政年鉴（2007）[M]．北京：中国财政杂志社，2008.

6.3　我国地方政府非税收入权力的衡量

"中央具有广泛的裁量权，如中央征税权，地方政府则具有变相的免税权和收费权，因而产生两种机会主义：地方的机会主义和中央的机会主义，都是缺乏制度制约与制度强制的表现"（王绍光，1997）。我国现行的税收权力高度集中于中央政府，省和省以下各级地方政府没有任何权力通过正规渠道影响税收收入水平，并且地方政府不具有发债权；而收费立项审批权实行由中央与地方共享的模式，《预算法》第二十二条规定"确需设立专用基金项目的，须经国务院批准"。因此，在地方政府的税收收入无法满足其财政支出权力行使的情况下，地方政府便有了利用征收非税收入的权力扩大财政收入的动机及途径，尤其是预算外管理的非税收入成了补充地方政府税收收入不足的重要来源。直到

2011 年，除了教育收费的非税收入才被要求全部纳入到预算内管理，占比重较大的土地出让金等非税收入以政府性基金的形式进行管理；政府性基金收入成为了地方政府进行经济建设、社会管理的重要资金来源。

6.3.1　我国地方政府非税收入权力的界定

政府非税收入是指除税收、公债收入以外，由各级政府、国家机关、事业单位、代行政府职能的社会团体及其他组织依法利用政府权力、政府信誉、国家资源、国有资产或提供特定公共服务、准公共服务取得并用于满足社会公共需要或准公共需要的财政资金，是政府财政收入的重要组成部分，是政府参与国民收入分配和再分配的一种形式。在我国，非税收入包括预算内非税收入和预算外非税收入，对非税收入的管理最初是从预算外资金管理开始的。

预算外资金①是根据国家有关规定不纳入国家预算的财政性资金。我国预算外资金规模的增长是伴随财政权力结构的调整而发生的。1979年经济体制改革后，地方政府的财政权力以及地方企业的自主权都得到了扩大，尤其是地方政府的非税收入权力，当时预算外资金主要包括：地方政府的各项税费附加、地方政府行政事业单位的收费和基金以及隶属地方政府的国有企业的折旧基金和税后利润等。而这其中，又以国有企业的各项专用基金和行政事业单位按规定获得的收费（基金）为主。1993 年，中共中央办公厅、国务院办公厅转发了财政部《关于对行政性收费、罚没收入实行预算管理的规定》，将 83 项行政收费项目纳入财政预算；同年，按照新的《企业财务通则》和《企业会计准则》规定，国有企业折旧基金和税收留用资金由企业自主支配，不再作为预算外资金管理，地方政府预算外非税收入的权力相应缩小。但由于预算管理滞后，某些地方会擅自将预算内收入转到预算外以及各部门和各单位未计入预算外管理的"小金库"资金②。针对地方政府预算外非税收入权力不规范的情况，1996 年国务院发布了《关于加强预算外资金管理的决

---

①　预算外资金早在 20 世纪 50 年代就存在，但在传统高度集中的计划经济体制中，预算外资金项目很少，金额也很小，只有少量的税收附加收入和少数的专项事业收入。因为这些资金已有专门的用途，不能用于平衡预算，便在预算外进行管理。

②　例如，1996 年在预算外资金清理检查工作中，查出 1995 年全国预算外资金共有3 843 亿元（不含社会保险基金），比原决算数字高出 1 437 亿元。

定》，并且着重对行政事业性收费和政府性基金进行清理整顿，取消不合法、不合理的收费项目；将部分事业收费转为经营性收费，国家对其征税；对一些体现政府职能、具有税收特征的收费，分别用相应的税收取代，保留的部分尽可能纳入预算实行"收支两条线"管理。

经过一系列的管理改革，地方政府预算外的非税收入权力得到了一定的规范。现行地方政府的非税收入管理办法是参照 2004 年财政部下发的《财政部关于加强政府非税收入管理的通知》（以下简称《通知》）制定的，国家法律层面的有关政府非税收入管理的行政法规尚未出台。《通知》首先明确了我国政府非税收入管理的范围，包括行政事业性收费、政府性基金、国有资源有偿使用收入、国有资产有偿使用收入、国有资本经营收益、彩票公益金、罚没收入、以政府名义接受的捐赠收入、主管部门集中收入以及政府财政资金产生的利息收入等。社会保障基金、住房公积金不纳入政府非税收入管理范围。同时，对非税收入的分类管理提出了指导性的意见，并提出政府非税收入要分步纳入财政预算，实行"收支两条线"管理。各地方由地方各级财政部门根据本地区实际情况，制定地区性的政府非税收入管理办法，原预算外非税收入是否纳入预算管理的情况也不尽相同。由此可见，各级地方政府对地方性非税收入的设立和运作拥有相对独立的权力。

6.3.2 我国地方政府非税收入的规模分析

由于非税收入权力是地方政府相对独立的财政收入权力，因此，尽管中央出台了一系列加强管理的通知和决定，但我国各级政府的非税收入仍呈现出项目多、分布广、金额大的特点。1996 年中央着重对行政事业性收费和政府性基金清理整顿后，到 1998 年年底，地方行政事业收费项目各不相同，最多的省份有 470 多项，最少的省份也有 50 多项；全国各种政府性基金共计 200 多项，其中，除 40 多项是经过国务院或财政部批准设立外，其余 160 多项均为省及省以下政府部门设立（贾康、赵全厚，2008）。而且几乎所有部门都有收费，涉及工业、交通、商业、农业、林业、水利、文化、卫生、教育等部门，甚至包括公安、检察院、法院和城市街道居民委员会。据不完全统计，1997 年全国收费、基金总额为 4 187 亿元，比上年增长了 15.4%，占当年国民生产总值的 5.6%，相当于财政收入的 48%，其中收费 1 800 亿元，基金 2 387 亿元，分别比上年增长 24.2% 和 9.9%。

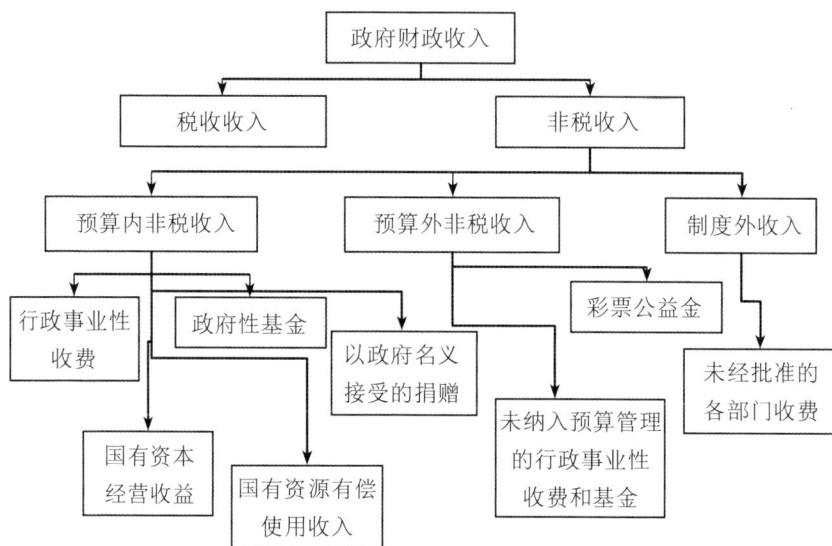

图 6-1 2007 年之前的我国政府收入结构简图

注：社会保障基金以及住房公积金不纳入政府非税收入管理范围。

资料来源：根据上海财政大学公共政策研究中心编著的《中国财政发展报告（2007）》的内容整理所得。

2007 年预算收支科目调整之前，我国政府的非税收入按照预算内非税收入、预算外非税收入和制度外非税收入进行归类，如图 6-1 所示。预算内非税收入主要是指国家以社会管理者和资产管理者身份参与国民收入分配所取得的非税收入，包括部分行政事业性收入和国有资产出租、出让获得的资本性收入。预算外非税收入是指尚未纳入预算管理的部分政府性资金，主要来源于行政事业性收费、税费附加、专用资金和专项收入。制度外收入是指不在政府预算内，也不在政府预算外，主要指财政之外的未经政府有关部门批准的政府各部门的收费和集资。制度外收入属于待清理的非税收入，大部分集中在地方政府各部门，尤其是集中在县乡两级政府手中。

由于 2007 年之前，地方政府的大部分非税收入都没有纳入预算内管理，因此，通过财政年鉴反映出的数据，预算内非税收入的比重很小，占地方全部财政收入的 7%～10%。但地方政府预算外的非税收入规模要远大于预算内的非税收入规模，如果将预算外的非税收入纳入统计的话，地方政府征收的非税收入占地方全部财政收入的比重就要大得多了（如表 6-4 所示）。

表 6-4　　　　　　　　我国地方预算外非税收入规模　　　　　单位：亿元

年份	地方财政总收入	各项税收收入	地方预算外非税收入	地方预算外非税收入占地方财政总收入的比例（%）	地方非税收入与税收收入的比例（%）
2002	15 281.45	7 406.16	4 039.00	26.43	60.5
2003	17 229.85	8 413.27	4 187.43	24.30	66.8
2004	20 592.81	9 999.59	4 348.49	21.12	62.4
2005	25 154.31	12 726.73	5 154.58	20.49	59.2
2006	30 431.33	15 233.58	5 940.77	19.52	59.2

注：2004 年起，预算外资金收入纳入财政预算外专户收入管理，数据按照财政预算外专户收支口径进行反映。

资料来源：根据中经网数据整理所得。

地方政府预算外非税收入占地方财政总收入的比例保持在 20% 左右，而预算内的非税收入只占地方财政总收入的 10% 左右，地方政府所有非税收入相当于地方税收收入的 60%。我国的预算外财政资金的收支基本上都集中在地方财政，从 1997 年到 2010 年，地方政府预算外财政资金收支占全部预算外资金收支的比重都在 90% 以上[①]。2000 年我国政府非税收入突破了 4 000 亿元大关，相当于当年全国财政收入的 30%，其中预算内的非税收入只有 800 多亿元，而地方政府占据了预算外非税收入的 93.5%，达到 3 000 亿元。截至 2006 年，我国预算外非税收入主要来自行政事业性收费、政府性基金收入，而基层政府的预算外非税收入大部分来自乡镇自筹、统筹资金；国有企业和主管部门的收入占政府预算外收入的比重比较小（如表 6-5 所示）。

① 中华人民共和国财政部. 中国财政年鉴（2011）［M］. 北京：中国财政杂志社，2012.

表 6-5　　　　　　　　我国预算外非税收入的项目来源　　　　　　单位：亿元

年份	合计	行政事业性收费	政府性基金收入	乡镇自筹统筹资金	地方财政收入	国有企业和主管部门收入	其他收入
1994	1 862.53	1 722.50	—	—	140.03	—	—
1995	2 406.50	2 234.58	—	—	171.65	—	—
1996	3 893.34	3 395.75	—	272.90	224.69	—	—
1997	2 826.00	2 414.32	—	295.78	115.90	—	—
1998	3 082.29	1 981.92	478.41	337.31	—	54.67	229.98
1999	3 385.17	2 354.28	396.51	358.86	—	50.11	225.41
2000	3 826.43	2 654.54	383.51	403.34	—	59.22	325.81
2001	4 300.00	3 090.00	380.00	410.00	—	60.00	360.00
2002	4 479.00	3 238.00	376.00	272.00	—	72.00	521.00
2003	4 566.80	3 335.74	287.10	293.14	—	52.33	598.49
2004	4 699.18	3 208.42	351.29	213.09	—	64.12	862.26
2005	5 544.16	3 858.19	359.29	192.94	—	47.60	1 086.24
2006	6 407.88	4 216.80	376.49	221.29	—	44.91	1 548.39
2007	6 820.32	4 681.05	—	180.25	—	40.16	1 918.86
2008	6 617.25	4 835.81	—	220.74	—	47.08	1 512.62
2009	6 414.65	4 598.14	—	220.56	—	84.10	1 511.85
2010	5 794.42	3 691.82	—	257.18	—	58.14	1 787.28

注：从 1997 年起，预算外资金收入不包括纳入预算内管理的政府性基金（收费），与以前各年不可比。从 2004 年起，预算外资金收支数据，按财政预算外专户收支口径进行反映。

资料来源：中华人民共和国财政部. 中国财政年鉴（2011）[M]. 北京：中国财政杂志社，2012.

在 1997 年将预算外的政府性基金纳入预算内管理后，2006 年各级地方政府的预算外收入仍占地方预算收入的 32.46%。为适应加强政府非税收入统一、规范管理的需要，2007 年重新调整了政府预算收支科目分析，政府收入分类中专设了"非税收入"类级科目。要求各级政府要将绝大部分的非税收入纳入政府预算内管理①，政府预算科目中专门设置的"非税收入"类级科目②下包括政府性基金收入、专项收入、彩票公益金收入、行政事业性收费收入、罚没收入、国有资本经营收入、国有资源（资产）有偿使用收入和其他收入等。截至 2007 年，政府性基金已全部纳入预算管理（如表 6-5 所示）。从 2008 年起，土地出让金和彩票公益金也全额纳入政府性基金预算管理。

2007 年后，在政府预算收支科目重新调整的同时，预算模式逐步发生了变化，形成了由一般公共财政预算、政府性基金预算与国有资本经营预算共同组成的复式预算模式。而一般公共预算的收入项目则分为税收收入和非税收入两大类，此时一般公共预算中的非税收入包括专项收入、行政事业性收费、罚没收入和其他收入四项，而非税收入中规模较大的土地出让收入等则纳入政府性基金预算中进行管理。由表 6-6可以看出，2007 年后地方政府仅一般公共预算中的非税收入占整个公共财政收入的比重就能够达到 20% 左右。

表 6-6　　　　　2007 年实行新的政府收支分类科目以来的

地方公共财政非税收入情况　　　　　单位：亿元

年份	合计	专项收入	行政事业性收费	罚没收入	其他收入	占公共财政收入的比重
2007	4 320.50	1 088.16	1 543.69	812.01	876.64	18.33%
2008	5 394.68	1 353.45	1 761.98	866.68	1 412.57	18.83%
2009	6 445.15	1 413.28	1 957.50	938.61	2 135.76	19.77%
2010	7 911.55	1 742.71	2 600.37	1 042.85	2 525.62	19.48%
2011	11 440.37	2 695.01	3 635.36	1 262.63	3 847.37	21.77%
2012	13 759.21	2 819.96	4 202.34	1 519.46	5 217.45	22.53%
2013	15 120.28	3 122.22	4 497.35	1 613.34	5 887.37	21.91%

资料来源：根据《中国财政年鉴（2014）》，计算整理所得。

---

① 对暂时不能纳入预算内管理的预算外非税收入设置财政专户（在管理功能上相当于预算内的金库），实行收支两条线管理。根据全国人大有关要求，2011 年将预算外资金全部纳入预算管理。

② 2009 年 1 月 1 日开征了燃油消费税，因此 2009 年预算科目的调整取消了"非税收入"类级科目下的"养路费收入""公路客货运附加费收入""燃油附加费收入""内河航道养护费收入"等科目。

6.4 我国地方政府财政支出权力的衡量

与税收权力的高度集中不同，我国在 1994 年分税制改革后，中央并没有将相应的财政支出权力上收。同时，随着市场经济的建立以及国有企业的改制，"企业办社会"责任逐渐淡化，社会公共事务的责任主体逐渐转向各级地方政府，地方政府相对于中央政府掌握了大量的财政支出权力。

6.4.1 传统指标下我国地方政府财政支出权力衡量

尽管传统的支出比重指标并不能准确地反映出各级政府财政权力的大小，但从地方政府及中央政府财政支出的比重能够大致考察出政府间支出的分工情况。"根据传统的测算指标，如各级政府的政府支出比例，中国的财政体制是高度分权化的，它被分成 31 个省级单位、331 个市级单位，2 109 个县级单位和 44 741 个乡级单位"（黄佩华，2003）。王绍光也认为根据这些指标，尤其是支出比重的指标，我国的财政分权化"表现为中央政府所应承担的公共服务数量和质量能力十分低下"（王绍光，1997），即地方财政掌握了过多的财政支出权力以及相应的责任，从 1994 年至今，地方财政支出占全国财政支出比重的平均值保持在 71.9%（如表 6-7 所示）。

目前，我国地方政府财政权力范围主要包括两大方面：经济建设支出权力以及社会公共事务支出权力。财政支出的项目主要包括：基本建设支出、企业挖潜改造资金支出、科技三项费用支出、流动资金支出、地质勘探费支出、工业交通部门事业费支出、支农支出、教科文支出、抚恤和社会救济费支出、行政管理费支出、政策性补贴支出、城市维护建设税支出、支援不发达地区支出、商业部门简易建设支出以及其他支出。对于地方财政支出权力，最重要的内容是社会公共事业费支出、基本建设支出以及支农支出，以 2006 年的支出比重为例，这三项支出占地方财政总支出的比重分别为 22%、10% 和 6%。而在市场经济条件下，重要的社会公共事业费支出，例如教育、医疗卫生、文化和科学等领域

表 6-7　　　　　　我国地方财政支出占全国财政支出的比重　　　　单位：亿元

年份	全国财政支出	地方财政支出	地方财政支出占全国财政支出比重（%）
1994	5 792.62	4 038.19	69.7
1995	6 823.72	4 828.33	70.8
1996	7 937.55	5 786.28	72.9
1997	9 233.56	6 701.06	72.6
1998	10 798.18	7 672.58	71.1
1999	13 187.67	9 035.34	68.5
2000	15 886.50	10 366.65	65.3
2001	18 902.58	13 134.56	69.5
2002	22 053.15	15 281.45	69.3
2003	24 649.95	17 229.85	69.9
2004	28 486.89	20 592.81	72.3
2005	33 930.28	25 154.31	74.1
2006	40 422.73	30 431.33	75.3
2007	49 781.35	38 339.29	77.0
2008	62 592.66	49 248.49	78.7
2009	76 299.93	61 044.14	80.0
2010	89 874.16	73 884.43	82.2
2011	109 247.79	92 733.68	84.9
2012	125 952.97	107 188.34	85.1
2013	140 212.10	119 740.34	85.4
2014	151 785.56	129 215.49	85.1

　　资料来源：中华人民共和国国家统计局. 中国财政年鉴（2015）［M］. 北京：
中国财政杂志社，2015.

的财政支出，主要由地方政府承担，地方在公共事业方面的财政支出几乎占全国财政在科教文卫方面支出的 90%（如表 6-8 所示）；近年来，这一比重呈现持续上升的趋势，根据 2013 年财政部决算数据，地方政府在与民生息息相关的教育、社会保障与就业、医疗卫生等的支出上分别承担了 95%、95.6%、99.1% 的支出责任，几乎全部承担了这些项目的支出。

表 6-8　地方财政文教、科学、卫生事业费支出及占全国科教文卫支出比重

年份	1999	2000	2001	2002	2003	2004	2005	2006
地方支出（亿元）	2 150.36	2 450.91	3 000.93	3 531.59	3 997.57	4 623.09	5 516.51	6 706.91
全国支出（亿元）	2 408.06	2 736.88	3 361.03	3 979.08	4 505.51	5 143.65	6 104.18	7 425.98
比重（%）	89.30	89.55	89.29	88.75	88.73	89.88	90.37	90.32

资料来源：中华人民共和国财政部. 中国财政年鉴（2007）［M］. 北京：中国财政杂志社，2008.

正是因为地方政府掌握了大量的财政支出权力，而预算内的财政收入权力又受到中央的严格控制，地方政府无真正意义上的税收权力以及发债权力。因此，各级地方政府尤其是基层政府通过中央政府难以控制的预算外非税收入来补充其总支出（如表 6-9 所示）。从 1994 年至 2006 年，我国政府预算外资金支出绝大部分集中在地方政府，地方预算外支出占全国预算外支出的比重一直维持在 90% 左右。

“相对于预算内支出，地方政府在预算外支出的安排上有更多的自由”（罗伊·鲍尔，2000）。从表 6-10 可以看出，我国预算外非税收入主要用于行政事业费的支出、基本建设支出、基层政府的乡镇自筹、统筹支出以及城市维护建设税支出。其中，行政事业费支出占了预算外财政支出的大部分，2006 年这一比例达到 71%。这也从一个侧面说明，省以下地方政府无法通过预算内的收入行使基本的财政支出权力，甚至对于一些地方政府来说，无法维持正常的行政机构运转。

6.4.2　我国地方政府财政支出权力中的限制

根据传统指标，地方财政支出占全国财政支出的比重，即地方财政

表 6-9　　　　地方预算外资金支出及占全国预算外支出的比重

年份	地方支出（亿元）	中央支出（亿元）	全国支出（亿元）	所占比重（%）
1994	1 485.37	225.02	1 710.39	86.8
1995	1 979.88	351.38	2 331.26	84.9
1996	2 803.40	1 034.92	3 838.32	73.0
1997	2 541.63	143.91	2 685.54	94.6
1998	2 778.57	139.74	2 918.31	95.2
1999	2 974.32	164.82	3 139.14	94.7
2000	3 318.28	210.74	3 529.02	94.0
2001	3 591.87	258.13	3 850.00	93.3
2002	3 572.00	259.00	3 831.00	93.2
2003	3 827.04	329.32	4 156.36	92.1
2004	3 962.23	389.50	4 351.73	91.0
2005	4 784.14	458.34	5 242.48	91.3
2006	5 489.23	377.72	5 866.95	93.6

　　资料来源：中华人民共和国财政部. 中国财政年鉴（2007）［M］. 北京：中国财政杂志社，2008.

在全国财政总支出中所分担的份额代表着"地方财政支出的自主权"，如果地方政府支出所占的份额较大，那么，地方政府在提供公共产品的规模和组合上有更大的决定权。从 71.3% 的支出比例来看，我国"地方政府在其支出安排中具有非常大的自主权"（罗伊·鲍尔，2000）。但在我国，地方政府常常会受到中央政府行政命令的约束而难以结合本地的情况有效地发挥作用，这些命令主要是限制地方政府在确定预算支出规模和结构方面的自由。其中，最重要的是关于失业救济预算方面的限制、中央对地方政府公务员的工资、薪金标准的制定，规定公共服务的补助率，实行预算审批制度，指定某些公共服务项目的标准等，所有这些都影响着地方政府对本级财政支出权力的行使。就业指标的限制一般是省级政府规定的，建设性支出则由中央控制，而且这些支出需在预算

表 6-10　　　　　　　　　我国预算外分项目支出　　　　　　单位：亿元

年份	合计	基本建设支出	城市维护费支出	专项支出	行政事业费支出	乡镇自筹统筹支出	其他支出
1996	3 838.32	1 490.23	—	307.27	1 254.36	136.39	650.07
1997	2 685.54	502.03		311.59	1 280.19	288.69	303.04
1998	2 918.31	393.98	—	423.60	1 588.28	335.26	177.19
1999	3 139.14	539.82	127.45	—	1 816.13	350.34	305.40
2000	3 529.01	426.20	146.38	—	2 225.09	387.39	343.96
2001	3 850.00	350.00	150.00	—	2 500.00	400.00	450.00
2002	3 831.00	260.00	160.00	—	2 655.00	268.00	488.00
2003	4 156.36	269.86	202.62	—	2 836.55	283.11	564.22
2004	4 351.73	287.28	193.82	—	3 133.80	205.09	531.74
2005	5 242.48	346.74	—	—	3 820.06	198.01	877.67
2006	5 866.95	426.47	—	—	4 163.56	207.51	1 069.41

资料来源：中华人民共和国财政部. 中国财政年鉴（2007）[M]. 北京：中国财政杂志社，2008.

制定过程中得到批准。尽管新的《预算法》规定地方财政预算不必再经中央批准，但中央政府对地方政府给出"政策指导"并要求其按一定的格式报告预算。例如，中央限制投资增长为重点的宏观调控政策出台，基本建设投资就首当其冲，地方基建投资占地方财政支出的比重呈逐年下降的趋势，从 2001 年的 12.54% 下降到 2006 年的 9.55%。

同时，地方在编制预算的时候，还需要考虑各种法律法规的要求。例如，《义务教育法》规定各级人民政府教育（义务教育）财政拨款的增幅应当高于财政经常性收入的增长；《教育法》规定省级政府的财政支出中教育预算分配比例每年应当增长 1～2 个百分点；《农业法》规定财政每年对农业总投入的增长幅度应当高于财政经常性收入的增长幅度；中央还规定关于文化类支出增长不得低于财政总收入的增长。

虽然我国《预算法》中有地方政府不能就其经常性支出编制赤字预

算的规定，但这个规定并没有得到实际的执行。这些规定通过财政预算限制了地方政府的财政行为，作为对这种限制的反应，各级地方政府通过非正常渠道扩充预算外账户，而事实上，中央政府似乎从未限制过地方政府利用其非正规渠道获得一定的财政权力。中央政府对地方税收收入预算上的限制常常超过了其对地方政府财政支出预算上的限制，中央政府通过控制税基和税率的决定权以及制定收入分享公式，来限制各级地方政府在预算支出上的总量。但对于地方预算外的财政收支权力，中央政府并没有作出严格的限制，"地方政府在预算外支出水平和支出构成方面则具有完全的自主权"（罗伊·鲍尔，2000）。

7　我国财政权力结构的优化

　　严格来讲，我国现行财政权力结构构建的初始动因与市场经济下财政联邦制理论中的分析并不相同，后者认为财政权力结构构建的目的在于提高地方公共产品的供给效率，使地方性公共产品在最优规模上以最小的成本提供；而"我国在很大程度上是为了缓解财政收支缺口压力，硬化国有企业的预算，改革国有企业管理方式和提高地方积极性，设计改革的方案"（阎坤，2003）。因此，我国财政权力结构的构建是一个渐进的过程，是在向市场化转变的过程中，承认市场权力主体地位的同时，为缓解财政压力，明确界定政府权力边界、硬化国有企业预算、转变企业管理方式以及调动地方政府的积极性，而展开的对财政权力结构的一系列调整。"这种权力结构的调整可以概括为两个方面：一方面是权力结构格局的调整，即将政府不应该管的权力下放，简政放权；另一方面是政府权力——行政及社会化服务权力的重新界定"（鲁昕，1996）。因此，这种调整在客观上逐步实现了政府与市场、中央政府与地方政府权力划分的基本目标，反映了我国在转型期的分权趋势，而这种渐进的过程也决定了我国财政权力结构不断优化的过程。根据结构功能主义的理论，社会各个系统之间的交换是通过"权力"这一媒介进行的，因此，我国现行财政权力结构中的根本问题仍在于如何对各权力主体的权力进行进一步的明晰界定，而优化财政权力结构的目标就在于建立地方政府相对独立的一级财政权力主体地位。尽管我国财政权力结构构建初始目的同财政联邦制理论所阐述的目的不同，但发展市场经济，合法并有效划分各主体权力的要求是相同的。

7.1 优化我国财政权力结构的目标与途径

马克斯·韦伯认为，市场经济是以财政预测、家庭预算与企业预算三者之间的明确分野为基础的。而这种"分野"首先来自于对各级政府权力的限制和规范，政府的组织规则蕴含在公法之中，即宪政规则，是"关于政府权力之配置和限定的规则"（Hayek，1973）。因此，在向市场经济转轨的条件下，对财政权力结构的优化必须是通过构建宪法等法律依据，以保护市场权力为出发点，对政府权力以及政府间权力进行有效划分而完成的。针对我国目前地方政府财政支出权力与收入权力不对称，无法作为相对独立的一级财政权力主体提供地区性公共产品，解决地区性公共事务的问题，本章提出从健全地方财政权力，建立地方政府财政权力主体地位入手，并以此为目标优化我国财政权力结构的思路。

7.1.1 优化我国财政权力结构的目标

正如在本书第2章中所阐述的，一个合法且有效的财政权力结构是一种能够促使各财政权力主体应对不确定性，发挥其能动性，但同时又为整体目标服务的"虚拟秩序"或"制度"。而这种制度形成的前提条件就是结构中的各个部分必须是相对独立的权力主体，因为只有权力才能体现"转换之意"①。市场经济本身就是分散决策的一种资源配置方式，与以往经济形态最大的不同就在于它的不确定性，而地方政府作为

---

① 正如在汉语中对"权"的释义，"权"代表着变通、不依常规，因时制宜采取措施的意思，它与表示固定不变原则的"经""常"等字相对。

最接近市场的政权组织，其权力的行使也意味着要应对很多的不确定性。因此，地方政府必须具有相对独立的财政权力，而且这种权力又必须是在宪法和法律的约束之下，受到社会成员的有效监督。市场经济下的财政权力结构应具有的基本特征是：各级财政权力主体具有明确的职能和作用范围，清晰的财政权力边界，既彼此独立，各司其职，又相互支持，密切配合，从而减少财政权力相互"摩擦"的成本，发挥财政权力结构的整体功能；各级政府作为相对独立的一级预算主体，各自拥有一定的财政收支管理权限，各自编制、审批和执行本级政府的财政预算。

经过前两章的分析可以看出，我国现行财政权力结构的根本问题在于地方政府缺乏相对独立并且规范的财政权力，中央主导型的权力配置造成了地方政府财政权力运作的失调。一方面，我国地方政府缺乏必要且规范的财政收入权力；另一方面作为一级政权组织，地方政府要提供辖区内的大量公共产品，致使地方政府只能利用中央管理相对宽松的预算外收入权力弥补预算内财政收入的不足。预算外收入是分散管理，预算外资金的分配与使用在各级政府的各个不同部门和机构中进行。因此，预算外收入不能被中央政府很好地控制，而这种预算外征收非税收入的权力又缺乏必要的法律规范，在筹集财政资金的同时，也成为某些地方政府滥用财政权力的途径。制度外收入的征收则由政府官员任意规定，没有法规进行约束，也没有官方统计数据。预算外收入和制度外收入基本上反映了地方政府在中央分配的财政收入无法完成现有财政支出情况下的"攫取之手"（陈抗，2002）的行为。"预算外资金的自主程度越高，就预示着财政性资金的集中度越低"（高培勇，2006），财政权力的行使就越难以得到约束和规范。因此，优化我国财政权力结构必须从健全、规范地方财政权力入手，以建立地方政府相对独立的一级财政权力主体地位为目标，通过法律的形式规范地方政府财政支出权力以及收入权力的行使。从而，地方政府可以在其财政权力范围内根据所辖地区居民的偏好，对地区性公共事务的变化作出相应的调整。

7.1.2　优化我国财政权力结构的途径

市场经济下财政权力结构的构建是一项复杂的工程，涉及政治系统与经济系统的交换以及政治系统中的所有组成部分的协调一致，涉及结构中各个权力主体的各项权力的界定和划分，而并非单纯解决财政收入在各级政府间的分享问题。因此，针对我国现行财政权力结构有效性的缺失，以建立地方政府相对独立的一级财政权力主体地位为目标的财政权力结构优化应通过以下的途径，按照正确的逻辑顺序进行：

第一，在市场经济体制不断深化的过程中，要对政府财政权力与市场权力的边界做进一步划分，在此基础上，明确各级政府的财政支出权力。随着市场主体权力的不断完善，政府财政权力应逐步退出部分市场领域，其职能的实现也可以通过多种市场化的形式完成。在政府间财政权力的划分中，重点是要明确并落实中央的财政支出权力（避免再次出现中央财政支出权力下移的情况），即明确划分中央与地方政府在经济建设以及社会公共事务中承担的责任，并不排除中央对全国范围内的基本公共服务设定标准，但同时还是应该通过立法限制中央对地方"无补助"型的指令性政策。

第二，根据各级政府的财政支出权力，合理配置政府间的财政收入权力。世界银行分权课题组（The World Bank Decentralization Thematic Team）针对地方政府应该拥有的财政收入权力，列举了市场经济下构建有效的财政权力结构的 4 个具体要求，当然这 4 项收入权力是在明确划分政府间财政支出权力基础上结合各国的实际情况赋予地方政府的：（1）允许地方财政通过向使用者收费（user charges）这一筹资形式，自筹提供地方公共产品与服务所需的开支或补偿其成本；（2）允许地方财政进行合作融资或合作生产，通过这样的安排让使用者能以提供资金或付出劳动的形式，参与公共服务的提供和基础设施的建设；（3）允许在地方层次上开征财产税、销售税或其他间接税，以充实地方提供公共产品与服务所需的财源；（4）允许地方政府举债，在债务担保制度健全的条件下，募集全国性或地方性的财政资源。

第三，地方政府必须有明确且稳定的财政收入来源，除了本级的财政收入外，还要求来源于上级转移支付的财政资金通过固定明晰的原则和公式化方法确定。规范转移支付制度的具体做法包括：用因素法代替基数法来确定各地的转移支付额；一般性转移支付与专项转移支付相配合，根据两个均衡化目标的实现情况，调整转移支付的结构；逐年降低直至取消税收返还，清理现行分散在各预算科目中的专项补助，将其规范为"整块拨款"和"配套拨款"，适时调整一般性转移支付中的测算因素，当条件成熟时，可将用于基本公共服务均衡化的专项转移支付归入一般性转移支付进行测算。

第四，整合政府预算、硬化各级政府的预算约束是优化财政权力结构的关键。这意味着地方政府已经是"独立的一级政府"，可以成为接受社会激励与约束的财政权力主体。政府之间需要展开竞争，并彰显出竞争的绩效，此种绩效又可以引导社会成员"以足投票"，选择最佳辖区投资与居住，进而促进经济增长的绩效。只有在硬预算约束的条件下，各级政府才能真正有效行使本级政府的财政支出与财政收入权力。地方政府在充分运用财政权力的同时，也更加重视精打细算，提高财政资金使用效率，力求实现本级财政的预算收支平衡。

第五，需要强调的是，地方政府财政权力有效行使还取决于财政民主制度和社会成员偏好显示机制的完善。地方政府财政权力的行使是地方政府根据其管辖范围内社会成员的偏好决定财政资金使用的规模以及结构，并在此过程中受到社会成员的监督。民主制度和偏好显示机制完善是公共选择的关键，没有完善的偏好显示机制，地方政府财政权力的行使就缺乏效率；没有健全的民主制度，地方政府财政权力的行使就缺乏监督，地方政府拥有的财政权力就会产生不合意的结果，会出现地方垄断、地方割据的恶果，甚至会危害国家社会的政治稳定。

7.2 合理划分我国政府间财政支出权力

按照市场经济下财政联邦制理论，划分政府间财政支出权力是构建财政权力结构的第一步。因为西方政府的活动基本上被限制在市场失效的领域，政府的投资不仅受到企业和个人的约束与限制，而且不以直接营利为目的，所以政府支出中的经济支出比重不大，"整个财政不存在追求自身利润而无限扩张的欲望和压力，这是其能够'以支定收'的财政经济条件"（张馨，1997）。由于我国的经济社会发展阶段与西方大为不同，各级政府始终有激励将财政支出权力用于经济建设甚至是一般竞争性领域。因此，在进一步划分政府与市场权力边界的基础上，再对政府间财政支出权力进行划分，是优化我国财政权力结构的逻辑起点。

7.2.1 政府财政权力与市场权力的进一步界定

政府财政权力和市场权力的划分在一定程度上限制了政府的职能，不仅为财政权力在各级政府间进一步划分提供了基础，而且也直接影响到各级政府的激励和行为。对市场的过度侵占造成政府行为严重商业化，各级政府动机被扭曲，由满足公共需求转变为攫取经济利益，直接导致政府间权力划分混乱不清。事实上自计划经济时代以来，几十年间"各级政府事权划分的热点主要就是企业投资权，尤其是一般竞争性项目的投资权"（贾康、白景明，2002）。根据我国目前转型期的特点，"必须根据社会主义市场经济的要求，限制各级政府配置资源和直接干预企业与个人微观决策的权力，实现党政分开、政企分开，避免政府'越位'，把政府不该管的事交给市场、企业、商会和其他社群组织，避免土地、资金等生产要素的价格扭曲，使市场机制在资源配置中起基础性作用"（吴敬琏，2006）。

1）限制并规范政府对经营性资源的控制及配置权力

我国改革之前的 M 形组织结构使得国民经济的运行已经出现了地方化的格局，但中央统一计划管理仍占主导地位，因此，我国的改革是从中央的"放权让利"开始的，主张"宏观抓紧，微观搞活"。但是这些权力下放很多被地方政府截留，地方政府利用中央政府逐步退出、市场尚未填补的转轨机会，接收或截获了许多本应由市场接管的投资和金融等权力，加上没有有效改变地方政府政绩考核的具体指标，地方各级政府至今仍热衷于参与生产经营性活动，"地方政府直接或者间接兴办企业的驱动力依旧强大"（贾康，2008）。企业作为市场竞争的主体，一方面，私营企业很难进入到一些由政府控制的生产经营性领域；另一方面，占据重要领域或既有生产经营性领域的国有企业由于与政府之间的软预算约束问题，企业内部缺乏有效的激励和约束的经营机制，导致生产经营自主权和独立的经济主体地位的缺失。

政府行为企业化，政府权力与市场权力界限模糊，主要原因就在于政府通过对国有资源的控制和配置权，包办了许多微观经济主体的职责和事务。因此，只有政府交出可以由市场进行配置的资源配置权，调整国有经济结构与规模，逐步退出生产经营性投资领域，市场在资源配置中的主体地位才能得以确立，各经济领域中企业"优胜劣汰"竞争机制和破产制度的促压机制作用才能真正发挥。调整我国国有经济结构和规模，使其相对集中在公共事务领域要从国有资产的流量和存量两方面入手。在流量方面，政府财政预算内投入的新增国有资产应主要集中在政府的功能领域，而不应再投向非国有资产能够有效进入并发挥作用的领域，以免形成新的结构问题。在存量方面，处于一般竞争性领域的中小企业，如服装、纺织、日用品企业，其规模小，经济影响力不大，又属于一般竞争性领域，国有资产可以撤出；煤炭、石油等自然资源开采企业、航天等高科技产业以及石油化工、汽车等支柱性企业，其资产、产值和销售收入所占比重较大，国有资产可以控股，但不必垄断；军工、造币等关系国家安全的企业、重要自然资源开采的企业以及自来水、煤气、电力等自然垄断企业，具有明显的外溢性，并涉及国家的发展战略，国有资产应全力参与并掌握绝对的控制权。

根据市场经济条件下的政府职能，财政支出必须首先确保以下政府职能的核心领域：行政、治安与国防、基础教育、社会保障、高新技术、大型基础设施、支柱产业、不可再生资源开发。这些领域的财政支出有些会成为国有资产，有些则不能成为国有资产。在确保这些核心领域以后，可量力而行向基础工业领域进行投资，以及有选择地对一些大型、优质企业进行扶持。除非特殊情况，财政资金一般不再投向一般竞争性领域。

2）转变政府职能的实现方式，发展市场和社会中介组织

转变政府职能的实现方式，是在保证政府有效行使财政权力的前提

下，对市场机制进行发掘以及对制度环境进行创新，发展市场和社会中介组织，将能够市场化的准公共产品采取适当的方式交予市场提供。同时，要"改进现行的扶持经济发展资金的运作方式，尽可能地运用财政贴息、担保公司担保、资产运营等方式，避免财政直接投资，以更好地发挥财政资金和政策的导向作用，放大调控功能"（鲁昕，2000）。

Monica Das Gupta 等人的研究表明，社会民间组织参与公共产品提供的优越性在于：（1）可以减少地方层次内部控制的可能性；（2）保持中央与地方、地方与社区之间的紧密联系，便利各方面的合作和信息沟通；（3）改变从中央到地方政府机构的运行模式，支持地方"自下而上"的决策过程；（4）强化对基层工作者的激励，增强基层政府的社会责任；（5）激发更高层次的公共产品与服务的社会需求产生，从需求与供给相互促进的内在联系上，为从高层次上优化公共产品的供给创造条件；（6）对民间组织提供财政激励、技术及其他形式的援助，明晰产权，强化责任约束等（如图 7-1 所示）。

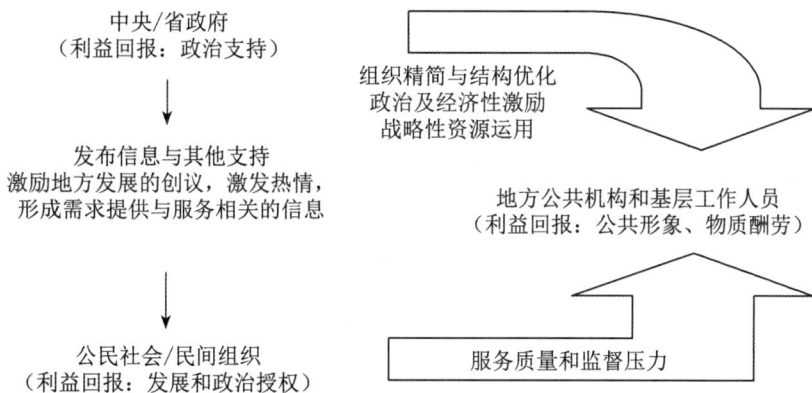

图 7-1　政府与社会合作改善地方公共产品的供给

资料来源：Fostering community—driven development: what role for the state? World Bank Policy Research Working Paper 2696, January 2003.

鉴于我国经济社会发展阶段，政府并不能完全退出具有营利性的投资领域，尤其是那些长期性的、基础性的基础设施投资，如公路、桥梁、通信等，以及为优化产业结构，促进经济发展所做的投资，如科技三项费用、支农支出等。因此，进行公共基础设施建设，优化产业结构将是我国各级政府，尤其是地方政府长期内的一项重要财政支出权力。我国目前财政支出权力中需要规范的重点就在于，如何压缩财政支出中的资本性支出，将有限的财政资金用于社会公共事务，如社保、医疗、教育、环境保护的支出。转变政府职能的实现方式，建立政府与社会合作的机制，以公共事业民营化（PPU）、私人部门参与（PSP）、公私合作伙伴关系（PPP）、特许经营、专卖、BOT、外包（outsourcing）等方式提高营利性公共产品的提供、融资和经营管理效率，目的就是要发挥政府的引导功能，吸引多元化的资金进入到这些投资领域，而将更多的财政资金投入到社会公共事业的发展当中，提高公共事务支出占全部财政支出的比重，既节省了财政资金，又提高了政府投资的效率。

7.2.2　各级政府间财政支出权力的合理划分

所谓政府间的财政支出权力划分，就是指把各种以财政支出形式完成的政府权力在一国的各级政府之间进行配置，从而确定不同层级政府的财政支出范围。政府间财政支出权力的划分是市场经济下财政权力结构构建的逻辑起点。市场经济下财政权力划分的有效性，就是应该按照市场经济的客观要求，清楚界定各级政府的权力范围，政府权力相对于市场权力既不能越位，也不能缺位。经济社会的转轨，必然促使我国政府权力，尤其是财政权力进行一系列的调整和变化，并需要从宪法等法律制度层面保证一个稳定明晰的权力界定。

1）我国政府间财政支出权力划分的依据原则

政府间财政支出权力纵向配置的实质，是如何正确解决各层级政府间合理分担整个政府机构向社会公众提供公共产品和公共服务的总成本问题。因此，政府间财政支出权力纵向配置与公共产品供给范围的纵向配置格局总体上相一致。哪一级政府拥有提供某种公共产品的权力，那么该级政府也就要相应地承担为这种公共产品的生产或组织生产提供成本资金，即财政支出的责任，这也是有效划分政府间财政权力的首要原则——公共产品受益范围原则。从成熟市场经济下财政权力结构的有效性出发，财政联邦制理论还提出了政府间支出权力划分的另外两项原则，即政府结构适当规模原则、溢出效应的重要性原则，而后者还涉及一个社会对一项公共事务的价值判断问题。政府间财政支出权力的划分并不是单纯的经济学问题，而是由一国国情、经济社会发展阶段、公民素质及其历史因素共同决定的。因此，在对我国的政府间财政支出权力进行划分时，还要充分考虑我国特殊国情下的特殊原则。

（1）公共产品受益范围原则。这一原则是从公共产品须由政府提供的基本事实出发，按照公共产品层次性以及受益范围的大小确定由哪级政府来提供。如果政府行使某项政治、经济职能，其受益对象覆盖全体公民，应由中央政府负责；如果受益范围仅局限于某一地区，则应由地方政府负责。

（2）政府结构适当规模原则。地方政府管辖区域越大，区域管理人数越多，就意味着作出地方民主决策的成本越大。因此，在划分政府间支出责任时，要将政府结构"有效组织"所需的成本与公共产品提供的有效性相结合，确定各级政府的支出权力。

（3）溢出效应的重要性原则。当没有一个有效的地方政府来履行那些其外在性扩展到地区边界之外的职能时，由中央政府采取措施就是必要的，但中央政府会在多大程度上担负起这种公共支出的责任，取决于对于溢出效应重要性的评价，以及这些效应同各级政府组织公共支出成本的比较。

（4）中央财政主导地位原则。我国宪法规定我国是一个单一制政体国家，构建中央与地方的财政权力关系只能以单一制政体为前提。中央政府拥有保持国民经济总量基本平衡和促进产业结构优化、提供全国性公共产品、从事跨区域重大基础设施建设以及均衡地区差距和个人收入分配差距等重大宏观调控的权力，而这些权力的行使必须以增强中央财政的财力作为后盾。

（5）分级治事、规范权力原则。分级治事的根据在于政府组织结构的层级性以及各级政府行为目标的差异性，这种分级治事的有效性是被理论以及实践证明了的。按照这一原则，上一级地方政府只处理和承担下一级地方政府不能处理的事务及相应的费用，中央政府只处理和承担地方政府不能有效处理的事务及相应的费用。我国财政权力结构构建所要强调的是相对独立的地方财政权力主体的建立，明确并规范各级地方政府的权力范围，从而设计一个足够牢靠、稳定、透明的政府间财政关系框架作为各级政府行为的基础。

在遵循上述 5 项原则的同时，从需求和供给两个特征出发，对不同层级政府提供公共产品的财政支出权力作进一步的解析，似乎更能明晰政府间权力的划分。凡需求复杂多样，由地方居民共同消费而具有地方共同财产特性，并且在供给方面存在通过不同辖区间竞争而提高供给效率的公共产品与服务应划归地方；凡属基于社会公平的考虑，并且在空间使用和供给上均存在重要的外溢性，以及供给上具有规模经济效应的公共产品与服务应划归中央(如表 7-1 所示)。

表 7-1 **地方和全国公共产品的供求特点**

提供的层级	需求方面的因素	供给方面的因素
地方性公共产品	地方需求复杂多样 （街道照明、分区等） 共同财产 （城市道路、垃圾处理等）	存在辖区间竞争的潜力 （警察保安、道路维修保养等）
全国性公共产品	空间使用的外溢性 （控制传染病等） 公平的考虑 （初级教育的最低标准等）	规模经济 (国防等) 存在跨辖区外溢性 （城市间高速公路等）

资料来源：根据世界银行 1997 年的发展报告《变革世界中的政府》，整理所得。

2）我国政府间财政支出权力划分的基本构想

财政支出权力，即政府将筹集起来的财政资金进行分配使用，以满足不同时期经济建设和各项社会事务需要的权力。按照政府功能性财政支出分类，我国现阶段政府财政权力范围包括：基本公共管理与服务、外交、国防、公共安全、教育、科学技术、文化教育与传媒、社会保障和就业、医疗卫生、环境保护、城乡社区事务、农林水事务、交通运输、工业商业金融等事务等。将政府的财政支出权力按照之前的一系列原则，在中央和地方政府之间进行有效的划分：

（1）中央政府的财政支出权力范围。①从国家全局利益考虑对全体社会成员提供全国性的公共产品。例如，国防、外交，涉及全国的资源开发与环境保护，跨地区的特大型基础建设项目，特大自然灾害救济，中央政府行政管理及对外援助等。②具有规模经济或经济外溢性等特点，或在一定程度上涉及国家整体利益及国家战略发展的公共事务，应由中央政府负担其经费的全部或部分支出，如教育、空间开发、环境保护、海洋开发、尖端科学、卫生保健、社会保障、卫生防疫以及全国性交通干线和枢纽、通信和能源发展等。③按照国有资产实行国家统一所有、政府分级监管、企业自主经营的体制要求，有效承担中央级国有资产监管职责。

从具体的支出项目来看，中央政府的支出项目应包括：①中央政府行政管理支出。它包括中央政府行政机关、党派团体、外交和公检法部门的人员工资事业经费支出。②国防经费、武警部队经费、国家外交事务及援外经费支出。③全国性的教育、科学、文化、卫生、体育等事业经费支出。例如，全国性的高等教育，一些重要的弘扬民族文化的公益事业如文化遗产管理保护、大型博物馆等，重大的基础科学研究和一些高精尖应用技术研究、全国性疫病预防、海关疫病检验、医学科学研究发展、基本医疗保健等。④固定资产投资支出。它包括全国性大型的交通、邮电、通信、能源、农业等基础设施和产业的建设；中央政府部门及其派出地方机构的基本建设拨款以及全国性教育、文化、卫生、体育等事业单位的基本建设投资。⑤各种补贴支出包括各种粮油价格补贴支出、支农支出。⑥抚恤和社会救济费、社会福利保障等方面的支出。⑦转移支付支出。它包括中央对各级地方政府的一般性转移支付支出和特殊性转移支付支出(如分类补助、专项补助、特别补助等)。⑧国内外债务的还本付息支出。

（2）地方政府的财政支出权力范围。①履行地方财政的资源配置职能，提供所辖区域性公共产品和辖区内居民受益的项目，如教育、治安、消防、卫生保健、社会福利、就业培训及其他地区性社会公共服务，并根据本地区企业和居民对公共设施的量与质的要求，通过地方财政向企业和居民提供各种基础设施，优化投资环境，促进资源有效配置。②负责协调区域内基层地方政府之间的行政、经济管理与社会关系，调节各基层地方政府间的收入分配。③按国有资产分级监管的要求，承担地方级国有资产监管职责，参与国有资产收益分配。

从具体的支出项目来看，地方政府的支出项目应包括：①地方政府行政管理支出。例如，地方政府行政机关、派驻机构、党派团体、公检法部门的人员工资事业经费支出。②地方文化、教育、卫生、科学事业经费和其他事业费支出，如地方高校和中等职业及技术培训学校、一般性文化公益事业、一般性科学研究等。③地方固定资产投资支出。例如，本级政府辖区内的交通、邮电、通信、能源、农业等基础设施和产业调整的建设投资，城市维护建设及城镇建设等方面的投资，地方政府部门以及教育、文化、卫生等事业单位的基本建设投资。④各种区域性补贴支出和支农支出。⑤抚恤和社会救济费、社会福利保障支出。⑥对下级地方政府的转移支付支出，包括一般性转移支付支出和特殊性转移支付支出。⑦地方(指省级)债务还本付息支出。

（3）中央与地方政府共有的财政支出权力范围。①中央与地方共有支出权力，如收入再分配，对在地方管辖范围内的收入调整由地方政府负责，而对于超出地方管辖范围的不同行政区或经济区之间的收入再分配，应由中央政府负责。②某项公共产品属于中央政府支出权力范围，但出于效率或其他方面的考虑，可由地方政府承担全部或部分公共产品的供给，同时，要根据地方政府承担的比例给付相应的财政资金。③某项公共产品属于地方政府支出权力范围，但由于其经济社会效益的外溢性，使其成本与受益范围涉及其他地方政府辖区的，由中央政府帮助协调，有关地方政府协作承担。④一些大的社会福利或公共服务项目，如教育、医疗保健、基础设施等，需要建立费用分担机制，其费用往往需要由两级或多级政府共同分担。

中央与地方政府共有的财政支出权力在项目上主要包括：①公路。中央政府负责全国性的高速公路，省级政府负责省级公路及高速公路的建设，而市县级政府相应负责本级的公路建设。②河流整治。中央政府负责一级河流，省级政府负责二级河流，省以下地方政府负责三级河流以及一、二级河流的某些部分。③港口建设管理。中央政府负责制定政策，负责重要港口的建设与管理，地方政府负责地方港口的建设。④教育。中央政府负责少数全国性重点大学以及义务教育的大部分支出，省级政府负责地区性高等、中等教育的部分支出，市县级政府负责辖区内中等教育的部分支出并主要承担对义务教育的督导管理责任。⑤社会保障。针对目前我国的养老保险只能以地区为单位进行统筹，而且覆盖范围仅限于城市居民的情况，中央政府在社会保障支出和管理中应承担更大责任，将社会保障支出权力上收，建立以中央支出为主、地方支出为辅的社会保障统筹体系，实现社会统筹的国民化。

7.3　有效配置我国地方政府的税收权力及投融资权力

目前，我国地方政府拥有大量经济建设以及社会公共事务支出的权力，在规范各级政府财政支出权力的基础上，赋予其必要的税收权力，并针对我国现阶段地方政府在经济建设中发挥的重要作用，规范其投融资权力，是构建我国市场经济下财政权力结构的必然要求。

7.3.1　我国地方政府税收权力的配置

税收权力是指政府行使的涉及税收的权力，税权包括税收立法权、税收征管权和税收政策制定权三方面内容。其中，最为重要的是税收立法权，因为税收立法权划分本身属于法权划分，而后两者权限的划分则属于行政管理权限的划分。很显然，"在税权划分的三层内容体系中，税收立法权是最根本的权力，谁拥有这项权力，对其他两项权力也就拥有了同样的把握权"（阎坤，2000）。因此，市场经济下的财政权力结构要求各级政府作为相对独立的一级财政权力主体，要有一定的税收立法权与之相适应。

1）制定统一的税收基本法，明确我国税权划分的基本模式

税收立法，本身就必须遵循法制化的要求，地方政府只能在法制化原则指导、约束和规范下确定税收立法权的具体形式。由于税权的划分属于法权的划分，因此，完善我国各级政府税权，首先就要构建以《税收基本法》为核心的税法体系。在税收立法权的划分上，坚持税收法定

主义原则，即中央、地方税收的立法权、执法权、司法权以及管理体制等必须以法的形式确定下来；地方税权应该在《税收基本法》中予以明确，而制定过程不应由中央政府单方面决定。制定《税收基本法》是优化我国财政权力结构、健全我国税法体系、合理划分税权、保证地方合法调整地方税收收入规模及结构的法律基础和保障。从国际经验来看，税收基本法规的制定权主要还是集中在中央一级，赋予地方的税权一般是部分税种的开征权与停征权、税目的确定权、税率的调整权以及税收优惠的确定权等，使地方政府可以根据本地实际情况在现行分税制基础上调整地方的部分税种和税率等，形成一个集中与分散相结合的混合型税权划分基本模式。

2）重新配置政府间的税权，赋予地方适当的税收立法权

目前，我国地方政府基本上是不具有税收立法权的，中央和地方政府之间采取的是收入分享制，即分割税种以及由中央课征部分税收，然后将其中的一部分与各省分享。从目前的税制结构来看，我国地方政府最主要的税收收入来自于归属于地方的营业税，其次是所得税（企业所得税、个人所得税）、增值税的共享收入。而其他的地方辅助税种，如城镇土地使用税、农业税、城市维护建设税、耕地占用税等只占有很小的比重，无法成为地方的主体税种。这种在税收立法权上的限制，使得地方政府很难以相对固定不变的税收收入应对财政支出权力的变化。根据我国《宪法》的规定，省、自治区、直辖市人民代表大会及其常委会在不与宪法法律和行政法规相抵触的前提下，可以制定地方性税收法规。但是在实际操作中，地方制定税收法规是不被允许的。因此，我国应在清理与《宪法》相抵触的税权划分规定的基础上，明确赋予地方一定的税收立法权。

除了将那些为保证全国政令和税收政策统一，维护全国统一市场和公平竞争的地方税的税收立法权集中在中央外，可将其余地方税税种的税收立法权限作如下划分：①对于政策性较强，对全国财政、经济影响较大，需要由中央统筹的地方税，如营业税、土地增值税等，其税收立法权仍由中央掌握，而将税目和税率调整权、减免税权等下放给地方管理。②税源较为普遍、税基不易转移且对宏观经济影响较小的税种以及

涉及维护地方基础设施的税种，如房地产税、城镇土地使用税、车船税、农业特产税、耕地占用税、牲畜交易税、城市维护建设税等，中央只负责制定这些税种的基本税法，其实施办法、税目税率调整、税收减免及其征收管理等权限可赋予地方。③税源零星分散、纳税环节不易掌握、征收成本大、地区差异大且对宏观经济不发生直接影响的税种，如契税、屠宰税、筵席税等的立法权、政策解释权、征收管理权则应完全下放给地方。④地方政府可根据当地经济资源优势和社会发展状况，在不挤占中央税源、不影响宏观调控和全国市场统一的前提下，对具有地方性特点的税源开征新的税种并制定具体征税办法，行使税法解释权、税种的开征和停征权，但要报上级政府备案，如财产税（以房地产税为主）。由于土地及地上建筑的不可流动性，财产税可以成为地方政府征收的主要税种，可将财产税的开征权交予县市级政府，从而充实地方的财力，同时，也可以规范以土地出让金为"第二财政"的地方政府的财政行为。⑤允许地方政府在部分税种的税基上实行同源课征，将收入分享制与税基分享制相结合。税基分享制是指多层级政府在一个共同的税基上征收各自的税率，并形成相应的税款归属，而税基通常由高级别的政府来决定。对部分税种采取税基分享制，既不影响中央的税收收入，又可以保证地方税收的适时性调整。根据税收实践中税种归属的一般规律以及我国目前的实际情况，可考虑将个人所得税实行省级财政与中央财政的同源课征。⑥赋予地方政府对现有地方主体税种的适当调整权。从所占地方税收收入的比重来看，营业税是当前我国地方政府财政收入的重要支撑，所以近期内，营业税还将作为地方的主体税种存在。可将营业税的税目、税率的调整权、减免权归属省、直辖市一级政府，地方各级人民代表大会作为地方的立法机构，可以对地方税种征收实施细则和解释说明进行自行制定。

需要强调的是，政府间税权的重新配置，同样要以加强中央的宏观调控为背景，对于地方政府享有税目、税率调整权和减免税权的地方税，应规定某些限定条件，要求地方政府将拟定调整的征税办法和税收政策报中央批准后，方可实施；对由地方决定立法开征的地方税，中央应保有建议权或指导权，乃至最终的否决权。这样，有利于在扩大地方税收管理权限的同时，将地方税权的运用纳入中央的宏观调控体系，保持全国税收政策和税收制度的基本统一。

7.3.2　我国地方政府投融资权力的配置

目前，我国政府，尤其是地方政府拥有的财政支出权力，几乎涉及经济社会的各个领域，这是计划经济下"政府配置资源"所遗留下来的，地方政府仍然是我国市场上一个极其重要的投融资主体。尽管1993年，我国就已经提出对投资管理体制的改革，把投资项目分为公益性、基础性和竞争性三类。公益性项目由政府投资建设；基础性项目以政府投资为主，并广泛吸引企业和外资参与投资；竞争性项目由企业投资建设，由企业自主决策，自担风险。但由于始终缺乏制度上的约束，地方政府仍然对大量生产经营性领域进行投资，甚至进入到一般竞争性领域。在拥有大量资本性支出权力的同时，地方政府一直缺乏必要且合法的融资渠道。《预算法》第二十八条规定，"地方各级预算按照量入为出、收支平衡的原则编制，不列赤字。除法律和国务院另有规定外，地方政府不得发行地方政府债券"。这种长期生产经营性投入及非正规性的融资渠道，一方面挤占了财政预算内对社会公共事务的支出，另一方面造成了地方政府风险巨大的债务。同时，它也影响了市场对资源进行配置的效率。

财政投融资（Treasury Investment and Loan）是以政府信用为基础筹集资金，以实施政府政策且形成固定资产为目的，采取投资（出资、入股等）或融资方式将资金投入企业、单位或个人的政府金融活动，是政府财政活动的重要组成部分（王朝才，1995）。在对我国政府权力做进一步界定的基础上，应对地方政府的投融资权力进行合理规范的配置。重新配置地方政府投融资权力的目的在于转变地方政府职能，促使其退出一般竞争性生产领域，集中财政资金确保支柱产业、基础设施的建设，体现对投资期限长、风险大、利润低但社会效益明显的项目给予强力的支持，以促进产业结构和技术结构升级。从长远来看，按照市场经济体制的客观要求，应逐步建立规范的地方公债制度，允许地方财政发行统一的债券以筹集地方公用事业发展资金，取代目前五花八门、多头管理、无序失控的地方政府投融资，增强地方政府的财政自主权力，但目前首先要对地方政府投融资权力的范围进行规范。

1）规范现有的地方政府投融资权力

在市场经济条件下，政府的生产经营性支出权力应主要限制在基础设施①建设领域。基础设施主要包括：公共设施，如电力、电信、自来水、卫生设施以及排污、固体废物的收集与处理、管道煤气；公共工程，如道路、大坝和灌溉及排水用渠道工程；交通设施，如城市与城市间铁路、城市公共交通、港口、航道和机场。由于基础设施具有自然垄断性特征，规模效益和社会效益明显，因此也是普遍公认的政府功能领域。由于基础设施工程一般初始投资量巨大，建设周期长，在项目建设期内政府可用于基础设施建设的财政性资金（主要包括预算内基本建设资金和预算外专项建设资金等）往往难以满足项目建设所需资金。因此，政府运用其投融资的权力，利用市场机制筹集社会资金，投入到基础设施建设中是非常必要的。

现阶段，我国政府投融资应主要用于关系国家安全和市场不能有效配置资源的经济和社会领域。政府财政投融资的资金运用方向应主要包括：对于具有规模效益的基础性投资，主要是农业、交通运输、水电等公用事业、邮电通信、原材料、机场、港口建设等基础产业的建设，包括具有自然垄断性、建设周期长或投资规模大而收益较低的基础设施，以及需要政府进行重点扶植的基础产业的投资；对兼有公共投资和民间投资双重特性的公共设施项目的投资，如城市基础设施建设；对需要进行政策性鼓励和资助的领域的投资，如高新技术的开发、出口创汇企业、需要国家政策扶植的中小企业；对经济不发达地区的经济开发等。同时，还应包括加强公益性和公共基础设施建设、保护和改善生态环境、促进欠发达地区的经济和社会发展、推进科技进步和高新技术产业化等。对于纯公共产品性质以及公益性极强的基础设施来说，如环境保护设施、国防设施、传染病防治设施等公益性投资项目，则应由财政预算内拨款投资加以解决。

---

① 基础设施又被鲍尔·罗森斯坦-罗丹（Paul Rosensten-Rodan）、阿尔伯特·赫希曼（Albert Hirschman）等发展经济学家称为"社会分摊资本"。基础设施的一个最基本的技术经济特征是：通过网络传输系统，主要是管网、线网、路网、渠网以及场站提供服务。

但同时要强调的是，随着技术的发展、企业组织制度和政府规制制度的创新、资本市场的发展，基础设施的某些特征被削弱，其建设生产方式也可随之改变。例如，在电信行业，卫星和微波系统正在取代长途电缆网络，蜂窝式电话系统正在替代交换局，电信行业中基于网络的自然垄断属性正在逐步消失，使竞争性经营成为可能。这就需要政府对其投融资权力进行适时的调整，对于在一定时期具备市场竞争条件的项目，应在政府产业政策的引导下，有的项目完全交给市场，有的项目政府给予投融资的支持；对于还不具备市场条件的项目，则主要由财政投融资采取多种形式进行投资。另外，要强化财政部门在地方政府投融资管理中的主体地位，加大财政对政府债务的集中管理力度，理顺政府债务分散的管理体制。各地应对与政府融资功能相关的金融机构债务状况进行彻底清查、准确把握政府债务的总体规模，将地方政府债务担保的权力统归到财政部门，其他部门不得自行举借政府债务。

2）赋予地方政府发行地方债的权力

实际上，在目前不允许发行地方债券的情况下，地方政府已经直接或间接地借入大量债务，其结果不仅导致地方政府融资行为混乱，也容易使地方政府逃避债务监督，加大潜在财政风险；相反，放开地方债券市场则可以真正堵住目前各种非法融资渠道，有效规范地方政府的融资行为，有利于真正实现"一级政权、一级财政"。另外，在财政支出权力以及税收权力明确的前提下，"地方政府与中央政府的利益边界已经界定，因此，地方政府作为发行债券的主体地位是可以成立的"（龚仰树，2001）。

（1）确定地方债的发行主体[①]。按照现行《预算法》第二十八条规定，"地方各级预算按照量入为出、收支平衡的原则编制，不列赤字。除法律和国务院另有规定外，地方政府不得发行地方政府债券"，也就是说，在现行法律规定下，地方政府不具有发行地方债的主体资格。因

---

① 2009年3月，由财政部代发地方政府债券，通过国债渠道发行，并在银行间市场以"地方政府债券(代)"的名义予以流动。这是中华人民共和国成立以来首度允许地方财政预算出现赤字。尽管债务资金列入省级预算管理，地方用、地方还，地方政府的债务将直接对中央财政还本付息，但地方政府并没有取得发行地方债的主体资格。尽管《预算法》要求地方政府不得成为发债主体，但并没有要求地方政府不能有债务。因此，中央政府代为发行地方债的做法规避了以上的法律矛盾。

此，应首先适时修改《预算法》，允许资信能力强的省级地方政府发行由地方财政担保和统管的地方政府债券，即"在债务总量规模所允许的安全区间内，以中央政府为主体，可适当扩大到经济比较发达的省、市政府，发行地方债券"（鲁昕，1997），"堵暗开明"，提高地方债务管理的透明度和规范性。地方政府作为发债主体的资格必须经过严格的审查、筛选和确定，国家应出台具体的法律规定地方债发行主体资格条件。政府债券是必须偿还的，作为发债主体的地方政府，必须具备偿债能力。因此，要综合考虑一个地区的国民生产总值，财政收入水平，经济发展速度及发债项目的具体情况等因素。鉴于我国地区经济社会发展差异大的特点，我国确定地方债发行主体的范围不宜过宽，应首先考虑在省、省会市、计划单列市中有选择地进行试点，然后经过总结经验教训，有步骤地逐步推广。

（2）建立地方债规模量化指标体系，由中央进行量化控制。地方债发行规模的制定权应该明确规定属于地方政府。因为，地方政府对于每一时期需要其承担的支出最为清晰，对于每一时期能够得到的地方财政收入也有最准确的估计，从而，由地方政府制定的地方债发行规模也能够比较合理。但同时要建立地方债规模量化指标体系，按照统一债务管理原则，由中央根据国家宏观经济政策目标、国家公债计划以及各地发债能力和实际需要，从宏观上把握地方债总量，确定并下达各省发债规模，在地区间进行调剂。按照国际标准，结合衡量国债规模适度与否的主要指标及我国的具体情况，我国地方政府债券规模量化指标体系应包括：①地方债依存度=当年地方债发行额/当年地方财政支出，它表明某一地区当年财政支出中有多少是由债务收入来支持的。该指标越高，表明该地区对债务的依赖性越大，该指标最高不应超过 20%。②地方债负担率=某一地区当年地方债余额/某一地区年度 GDP，表示某一地区国民经济的债务化程度。该指标越高，表明该地区地方债对经济的干预越强，但财政收入相对不足，该指标最高不应超过 15%。③地方债偿还率=某一地区当年地方债到期付息额/某一地区年度 GDP。该指标越高，表明某一地区债务偿还越集中，债务期限结构不合理，该指标最高不应超过 6%。④财政分配率=某一地区当年地方债发行额/某一地区年度

GDP。该指标越高，表明某一地区财政通过发行地方债集中的财力越大，其上限应为3%。⑤地区居民应债率=某一地区人均地方债量/人均存款。该指标越高，表明某一地区居民年收入中购买地方债的比率越高，但潜在的购买力不足，这个指标可作为参考。

（3）对地方债适用范围要作出明确规定。从世界上多数国家要求地方政府在举债时必须遵守的"黄金规则"来看，除短期债务以外，地方政府债券只能用于基础性和公益性资本支出项目，不能用于弥补地方政府经常性预算缺口①。因此，我国地方债除绝对不能用于经常性开支外，也不能进入一般竞争性领域的建设项目，只能用于地方基础设施的建设以及重点民生工程的投入。这也完全符合对政府逐步退出一般竞争性领域的职能转换原则的要求，而且这一原则对地方政府尤其重要。另外，地方发债原则上不能借新还旧，当年的地方债只能用于新的基础设施建设的需要。我国还应修改1992年制定的《国债管理条例》，在此基础上制定《地方公债法》，通过立法明确地方债使用范围。

（4）在保证中央政府国债优先的前提下，给予地方债必要的政策扶持。在债券发行规模、发行时间、发行和推销模式等方面，首先强调保证中央政府国债优先的原则。根据国外地方政府债券管理经验和通行做法，由于地方债债券相对于中央国债来说，在资信度上存在差距，一般要从债券利率政策及税收政策等方面给地方债债券提供优惠和照顾。在我国目前的情况下，应当规定地方债债券利率要略高于国债利率。

7.4 规范我国政府间转移支付制度

从效率的角度出发，中央政府应对部分的财政支出及收入权力下放，使得地方政府建立相对独立的一级财政主体，但分权的结果必然造成与地区经济发展水平直接相关的公共产品提供水平及质量的差异。财

---

① 日本《地方政府法》规定，地方政府的支出必须以地方债以外的财源满足，即不能发行赤字地方债，这是地方债发行的基本原则。同时，也规定了五项支出可以发行地方债：（1）交通事业、煤气事业、上下水道事业、其他地方公用团体经营的企业所需经费；（2）对地方公营企业提供德尔资本金和贷款；（3）地方债转期；（4）抗灾应急事业费、灾后恢复事业费以及灾害赈济事业费；（5）公共设施建设事业费或这些设施的用地费用。

政支出分权的差异取决于给定的财政资源对于该地区经济增长的边际贡献，而"收入的自治水平引起的地区间财政竞争也可能不利于整体的社会福利"（Bahl 和 Linn，1992），这种差异在我国明显地表现为东、中、西部财政水平的差异以及省以下地方政府间财政水平的差异。1994 年的分税制改革"由于缺少合适的政府转移支付框架，东部沿海与中西部地区之间、城市和农村之间的横向不均衡不断扩大，不仅使贫困地区基本公共服务的提供不能得到保证，而且扩大的横向不均衡还可能影响国家的凝聚力"（Qiao 和 Shah，2006）。作为一个统一的国家整体，从效率和公平两个角度，都需要中央政府对各地方政府的财政收支进行必要的协调，中央政府或上级政府有责任缩小地区间的差异，尤其是在基本公共服务的提供方面，确保财政权力结构整体功能的发挥。因此，市场经济下财政权力结构整体的有效性要以规范的财政转移支付为支撑，而且地方政府作为相对独立的一级财政权力主体也要求政府间转移支付的科学化和透明化。

7.4.1 规范我国政府间转移支付制度的基本构想

作为市场经济下财政权力结构的协调制度，转移支付的根本目的在于实现各地区公共服务水平的均衡化，保证各地区经济发展的协调和均衡。尤其对于我国这种地区性差异比较大的发展中国家而言，在逐渐完善地方财政权力的同时，地区性的差异将进一步加大，中西部地区的发展将更加依赖于中央政府的转移支付。因此，规范我国现有的政府间转移支付制度，逐步取消以既定基数为依据的税收返还，建立科学测算、以均衡化为目标、协调各地区发展进程的政府间转移支付制度，是构建一个有效的市场经济下财政权力结构的重要内容。

1）规范我国政府间转移支付制度的目标

我国目前转移支付目标呈现出多元化的态势，表现为转移支付项目名目繁多。目标多元化产生的原因很大程度上是由中央和地方政府间财政权力划分模糊造成的，转移支付的范畴被随意扩大或缩小，测算标准也缺乏科学性，"转移支付到处出击，结果遇到真正需要转移支付的地方却无能为力"（李金珊，2008）。因此，明确我国政府间转移支付制度目标，是集中转移支付资金、提高转移支付资金使用效率、规范转移支付用途的必然要求。根据我国各地区经济社会发展状况，我国政府间转移支付目标应定位在两个"均衡化"上：地方财力均衡化和基本公共服务均衡化。

地方财力均衡化与我国目前实行的一般性转移支付所要达到的目标是一致的，即根据因素法测算出一个地区的标准财政收支，对于存在标准收支缺口的地区，由中央政府通过转移支付进行弥补。这是保证各地区机关事业单位职工工资发放以及机构正常运转等基本公共支出需要的转移支付，也是均衡化目标中第一层次的目标。

公共服务均衡化是指不同地区的居民能够享受到由政府提供的大致相同公共产品与公共服务。布坎南提出用"净财政剩余"来衡量公共服务均衡化的程度，即不同地区的个体之间所得到的公共服务价值和所支付的税收之间的差额应大致相同。需要指出的是，公共服务均衡化是一个动态的概念，是随经济社会发展而不断调整的过程。公共服务均衡化从低到高一般分为三个层级：基本公共服务均衡化、一般公共服务均衡化、最终公共服务均衡化。鉴于我国目前的发展水平，将公共服务均衡化的标准定位于基本公共服务均衡化是比较适宜的。在全国范围内，关系到国计民生，并对地区经济、人民生活、生产建设产生基础性作用的民生工程都应纳入到基本公共服务均衡化的范畴，如基础性的公共设施、公共工程以及基础教育、卫生医疗等。

2）规范我国政府间转移支付制度的原则

建立规范的政府间转移支付制度应遵循的原则主要包括：（1）法制化原则。市场经济国家对政府间转移支付制度一般都有严格的立法和详细的条文约束，实行管理的法制化。我国在规范政府间转移支付制度时，首先就要强调法制化原则，运用立法手段来保证这一制度的运作，将其包含的目标、数额、支付方式、监督管理及预算、决算都以法律的形式确定下来，做到有法可依、有法必依。鉴于政府间转移支付是一个全国纵横交错的完整体系，不仅《宪法》《预算法》《财政法》等对转移支付要有明确的规定，而且立法权要高度集中统一，绝不能各自为政、互不衔接甚至相互矛盾。（2）科学、规范化原则。在目前的转移支付形式中，只有一般性转移支付是采用因素测算，通过公式化计算来分配资金，相对比较规范；而专项转移支付没有统一的分配方法，税收返还建立的基础不科学。因此，规范我国政府间转移支付制度，必须改变过去决策主观、操作模糊的做法，在转移支付总体安排和各类补助的确定上都要遵循科学、规范的原则，整合转移支付资金、采用因素测算、公式设计、标准核实等方式，并且转移支付的各个环节都要坚持公开、透明的原则。(3) 有效性原则。转移支付制度不单纯只涉及财政资金的给付，同时要制定配套性的措施。尤其对于中西部相对落后的地区而言，要把转移支付制度与落后地区的制度改善及创新、优先在中西部地区安排资源开发和基础设施建设项目、理顺资源性产品价格体系、变地区倾斜政策为产业倾斜政策等有机地结合起来。

3）规范我国政府间转移支付结构

在地方财政支出权力明晰的基础上，我国应逐步建立一般性转移支付与专项转移支付相配合的政府间转移支付结构。在财政联邦制理论中，转移支付的目标有以下四种：一是弥补地方政府财政资金的缺口；二是解决地区间外部性问题；三是实现统一标准的"国民利益"；四是均衡化各地方的财力。而转移支付的形式大致上又可以分为两种，如图7-2 所示。

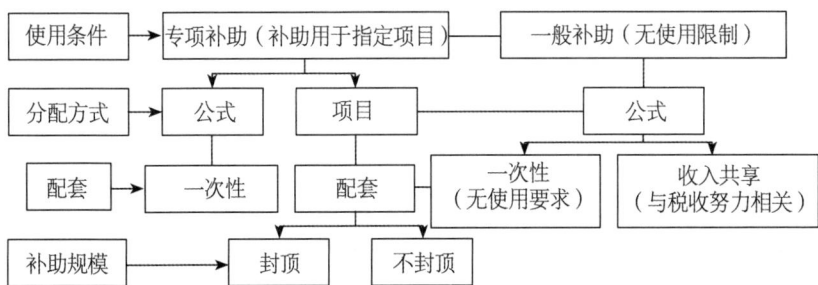

图 7-2　转移支付的形式及特点

资料来源：根据相关资料整理所得。

在转移支付结构的设计上，平衡一般性转移支付和专项转移支付之间的关系具有特殊的意义，因为不同的方式会产生不同的效应，不同的方式发生作用的约束条件也不同。从国际上通行的做法来看，多数国家的转移支付结构是以一般性转移支付为主，专项转移支付为辅。其原因在于，专项转移支付的目的在于贯彻中央的政策意图、鼓励各地方政府扩大特定公共服务的供给，这些资金必须按中央政府规定的方式使用。专项转移支付特别适用于解决地区间的外部性问题以及保证各地区的公共服务水平满足全国统一标准的"国民利益"。而在各级政府财政支出权力界定清晰明确、财政民主制度健全的基础上，一般性转移支付用于弥补地方政府财政资金缺口的同时，为地方政府提供了更大的财政支出权力。中央对地方的转移支付更多的是财政资金上的一种补充，而地方作为相对独立的一级财政主体，决定补助资金的用途会更有效率。

依据我国政府间转移支付制度"均衡化"的目标及我国经济社会发展现状，地方财力均衡化目标的实现应采取一般性转移支付形式，而基本公共服务均衡化则应采取专项转移支付的形式。"一般性转移支付与专项转移支付相比，可能更有利于地区的经济增长，但是会引起区域不均等扩大和政府支出扩张，专项转移支付因为其具有支出约束性，所以在改进区域均等和限制支出扩张更具优势"（乔宝云等，2007）。在我国这样一个发展中大国，专项转移支付不仅对于定向提高某些地区性，特别是某些跨区域公共产品的供给能力和公共服务水平，对于缩小地区之间的悬殊差距有着不可替代的作用，而且也是强化中央政府宏观经济调控能力、提高经济整体素质的一条重要途径；同时，在地方政府对转移支付依赖心理严重和财政纪律松散的情况下，一般性转移支付可能只是为某些地方政府的无效扩张及财政权力的滥用提供了资金来源。但随着政府间财政权力的清晰界定、地方政府财政权力的逐渐规范，某些大宗的、用于提供基本公共服务的专项转移支付也可以通过因素法的重新测量，转化为一般性转移支付。因此，一般性转移支付与专项转移支付的平衡是根据均衡化实现程度以及各方面约束条件的完备情况而作出调整的。目前，在我国转移支付结构中，用于实现基本公共服务均衡化的专项转移支付还将占有较大的比重。但前提条件是，专项转移支付的分配也要按规范化的要求选取相关因素通过公式进行测算，并要按照专款的类别分别设计公式和选取因素。在选取因素时，应符合公平、合理、稳定的原则，尽量减少主观因素的作用。

7.4.2 规范我国政府间转移支付制度的主要措施

我国现行的转移支付由财力性转移支付①、专项转移支付、税收返还以及原体制补助三大部分组成（如图7-3所示）。财力性转移支付中包括一般性转移支付以及考虑特殊因素的转移支付，例如，用于民族地区、农村税费改革、调整工资、县乡奖补的转移支付；专项转移支付包括用于特定目的的社会保障支出、农业支出、科技、教育支出以及医疗卫生支出等；第三部分就是建立在分税制之前各地区既得利益基础上的税收返还以及原体制下的补助。

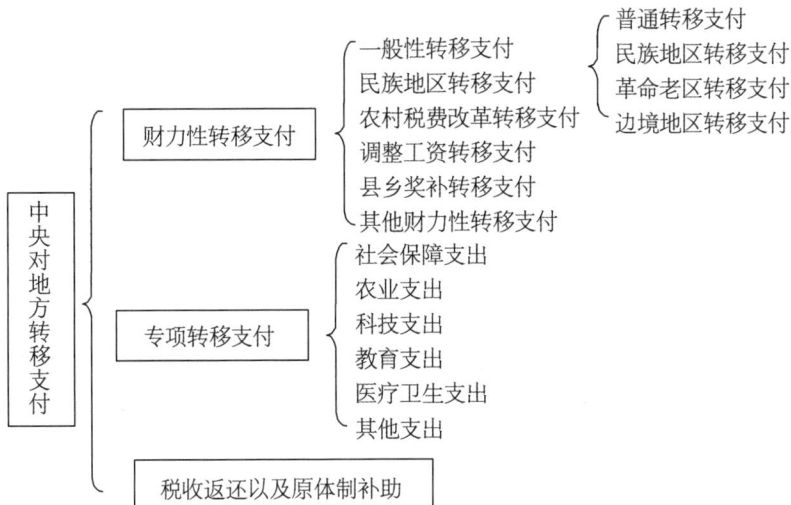

图7-3 我国现行转移支付的结构

资料来源：李萍主，等.中国政府间财政关系图解［M］.北京：中国财政经济出版社，2006.

针对我国目前转移支付结构不合理、转移支付体系复杂、转移支付数额测算不科学等问题，提出如下规范措施：

1）逐步改革现行税收返还办法，整合转移支付资金的使用

在我国目前的转移支付结构中，中央从税收收入增量中安排的具有

---

① 2009年起，财力性转移支付改称一般性转移支付，一般性转移支付改称均衡性转移支付。

均衡意义的补助资金很难满足地方对转移支付的需要。要重新建立科学规范的转移支付制度，必须对现行转移支付制度的结构进行改革，这首先就需要打破现有的利益分配格局，逐步取消固化既得利益的税收返还及原体制下的补助，最终与规范的转移支付制度进行并轨。取消税收返还基本上不存在技术操作层面的问题，主要还是中央与各地方之间的一种博弈过程，宜采取渐进式的改革方式。将税收返还资金的一定比例作为一般性转移支付的资金来源，这一比例可以从一个比较低的水平逐年递增。经过一个过渡期之后，税收返还的形式就可以被一般性转移支付形式所取代。

2）归并现行种类繁多的一般性转移支付，逐步建立规范的均衡化补助

现行的一般性转移支付分为普通转移支付以及对民族地区、革命老区、边境地区实行的考虑特殊因素的转移支付。普通转移支付的测算方法是参照影响地方财政收支的客观因素测算各地的标准财政收支，对存在收支缺口的地区按照一定的系数进行补助。对民族地区、革命老区、边境地区的特殊照顾，实际上是在普通转移支付的基础上，又加入了一定的专项补助。普通转移支付的测算公式：

(某地区标准支出 − 该地区标准收入) × 该地区转移支付系数 = 该地区普通转移支付

其中：转移支付系数 = 统一系数 × 50% + 该地财政困难程度 × 50%

完全可以通过提高这些特殊地区的补助系数增加对其补助力度，而不需将这些地区单独列出，从而降低一般性转移支付的复杂程度。另外，考虑到近期内普通转移支付的目标是缓解财政困难地区财政运行中的突出矛盾，保障机关事业单位职工工资的发放和机关正常运转等基本公共支出需要，所以没有将基本建设支出、科技三项费用、企业挖潜改造资金、地质勘探费、流动资金、支援不发达地区等建设性支出项目纳入标准财政支出的测算范围。我国目前的一般性转移支付仅用于保证地方政府的正常运转经费。在地方财政自主权确立以及地方民主监督制度健全的同时，加大一般性转移支付，可将基本公共服务均衡化的因素加入一般性转移支付的测算中，有利于提高地方财政资金的使用效率，提高地方公共服务的水平。

3）规范财力性转移支付，将特定用途的财力性转移支付实行专项管理

现行转移支付框架内的财力性转移支付包括一般性转移支付、民族地区转移支付、农村税费改革转移支付、调整工资转移支付、县乡奖补转移支付等。除一般性转移支付之外，其他的财力性转移支付资金基本上被用作贯彻落实国家的宏观调控政策，这实质上是中央为其委托下派给地方的任务进行"买单"的一种形式，并没有增加地方可支配财政资金的数量。而且对于东部沿海比较发达的地区，这种宏观政策调控型转移支付的比重要远远小于中、西部地区。而且，对于接受这部分转移支付的中、西部地区而言，由于缺少中央财政的监督，地方政府能否用好这部分的转移支付资金是关键问题。例如，四川省某县截留 2002 年至 2003 年度税改资金 1 500 多万元用于县级财政平衡预算，未转移支付给乡镇，该县甚至弄虚作假，伪造、更改与农村税费改革转移支付资金安排使用有关的文件、资料和财政总决算报表等，以掩饰其截留税改资金用于平衡预算的事实。因此，财力性转移支付中用于特定政策目的的转移支付应归入根据公式法计算的专项转移支付中，实行专项管理，而非财力性转移支付。

4）建立规范的专项转移支付制度，加强对专款的管理

如果按照以上新调整的口径测算，我国专项转移支付的比重要远远大于一般性转移支付的比重。理论上，专项转移支付适用于解决地区间的外部性问题以及保证各地区的基本公共服务水平达到全国的统一标准，但专项转移支付存在着测算和管理上的难题。在实际运作过程中，由于我国专项转移支付的确定没有一个统一的尺度，分配的方法不是按因素和公式测算，而"主要是按跑得快、勤、叫得响、出的配套资金比例大等原则对各地方进行分配"（江孝感，1999）。而且，从我国现行的转移支付情况来看，专项转移支付资金还存在着管理上的诸多问题，安排上的不确定性、拨付上的滞后性、管理上的分散性和环节上的多层性，使得专项转移支付资金在实际使用中难以纳入地方政府当年的财政预算管理，难以保证专款专用，专项转移支付资金的使用绩效得不到保证。因此，应从制度上规范专项转移支付的规模、分配、核拨、管理、

使用的行为。

（1）对专项转移支付的范围进行重新界定。采取专项转移支付形式的前提就是要科学限定专项转移支付涵盖的范围，通常来看，列入专项转移支付的项目，应是具有外溢性、突发性、特殊性以及非固定性特征的项目以及全国范围内统一标准的基本公共服务项目。因此，对历史上已经形成惯例的专项转移支付资金要进行必要的清理和规范，对属于地方财政支出权力范围内的，尤其是一些小额的专项补助应由地方自行解决。

（2）专项转移支付资金的分配也要按照因素法，通过具体的公式测算，尽量避免主观因素的影响，确保专项转移支付资金分配的科学、公正、透明。对于使用目的明确，数额巨大，尤其是用于基本公共服务均衡化的专项转移支付资金（例如，基础教育、卫生医疗、社会保障），应通过公式法在年初进行预算安排或在人大通过预算后予以及时核拨，便于地方财政列入预算和综合平衡。

（3）地方政府要严格执行专项转移支付资金纳入地方财政预算和决算管理的制度与措施。在中央转移支付制度完善的同时，必须通过最严格的制度和措施，保证专项转移支付的资金纳入地方财政的预决算管理中，完善有关的监督机制，防止资金被截留、挪用、移用以及用于平衡年度资金缺口、归还地方政府负债，减少使用时的随意性，确保专项转移支付资金的专款专用。同时，要统一管理体制，明确财政部门是唯一的转移支付实施主体，以纠正多头分散的多部门管理弊端。

7.5 优化我国财政权力结构不容忽视的两个问题

优化我国财政权力结构的重点在于建立地方相对独立的一级财政主体地位，"给予地方政府合适的财政自治权是必要的，但是，如果缺乏对各级地方政府有力的预算约束，会导致公共资源的浪费和宏观经济的不稳定"（Bahl 和 Linn，1992）。因此，建立完整规范的政府预算，硬化各级政府的预算约束，将政府的全部财政收支行为纳入预算管理是优化财政权力结构的关键。同时，建立在地方财政权力基础上的预算约束力取决于地方民主监督制度的完善程度，这也是市场经济下财政权力结构合法化及有效性的基础。

7.5.1 我国政府复式预算间的契合

对政府预算进行整合，是对政府财政权力的整合，更是对我国各级政府以双重身份对公共资源行使配置权力的财政职能的规范，也可将其作为"财政权力结构的横向调整，即职能的自我分离"（鲁昕，1996）。同时，"透明、严格的预算限制迫使地方政府量入为出，并且使地方官员对他们的选择负责"（Bahl，1992）。因此，政府预算的整合也是实现地区社会成员对地方政府实行有效监督，有效配置地方政府财政权力的必要途径。

在我国目前政府复式预算的平台上，实现各个预算的对接和契合，其首要之义就是要使公共预算、国有资本经营预算以及社会保障预算成为共同作用于我国经济社会发展的政府预算模式（如图7-4所示）。

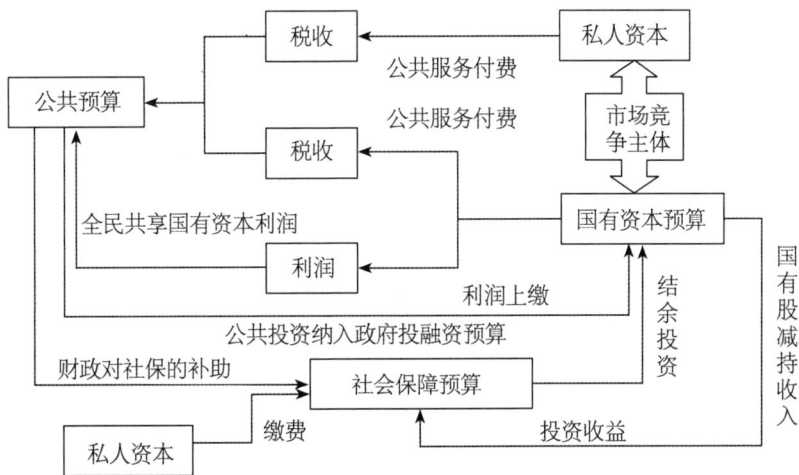

图7-4 我国公共预算、国有资本预算以及社会保障预算的契合

1）公共预算与国有资本经营预算的契合

建立国有资本经营预算，要求将一切与国有资本相关的收益和支出纳入预算范围。收入方面包括目前在公共预算科目中所反映的国有资本经营收入、国有资源（资产）有偿使用收入以及还未纳入预算的相关收益都要列入国有资本经营预算。支出方面，在国发〔2007〕26 号《国务院关于试行国有资本经营预算的意见》中相对明确了国有资本经营预算支出包括两大类：一是资本性支出，即根据产业发展规划、国有经济布局和结构调整、国有企业发展要求以及国家战略、安全等需要，安排的资本性支出；二是费用性支出，即用于弥补国有企业改革成本等方面的费用性支出。而这两类支出在目前的公共财政预算的支出中都有所涉及，包括一些基础设施的投资和企业挖潜改造支出等。所以，要通过两个预算间结转科目的调整完成资金支出的调整。建立国有资本经营预算，除了部分目前在公共预算中反映的科目要调整到国有资本经营预算中之外，国有资本经营的收益一部分还要以利润的形式纳入公共预算的管理，通过资金渠道上的对接使国有资本经营预算支持并服务于公共财政职能的发挥。在国有资本经营预算下设置的政府投融资预算，要求将公共预算中用于长期产业投资的资金作为无偿资金来源，列入投融资预算中的收入项进行管理，但应占很小比重。另外，地方政府的发债权确立后，其通过发行公债取得的债务收入也将是我国政府投融资的重要筹资渠道，其中包括国库券、各种财政债券、国外借款等。

2）公共预算与社会保障预算的契合

目前我国的社会保障基金存在着巨大缺口，从现行的预算模式来看，公共财政承担了对社会保障基金缺口的弥补。2007 年以后调整的预算支出功能类科目中，第 209 类社会保险基金就反映了公共财政对社会保险基金的补助支出，第 208 类社会保障和就业则反映了公共财政对社会福利方面的支出。我国建立社会保障预算后，主要是对社保基金的收支进行管理，而社会福利方面的支出仍由公共财政预算进行管理（如图 7-5 所示）。

公共预算中的社会福利项目	社会保障基金预算
无收入项： 支出项： 　抚恤和社会救济费 　行政事业单位离退休经费 　社会保障补助支出 　社会保险补助支出 　社会保障行政管理费支出	收入项： 　缴费收入 　利息收入 　财政补助收入 　国有资产收益收入 支出项： 　养老保险支出 　医疗保险支出 　失业保险支出 　工伤保险支出

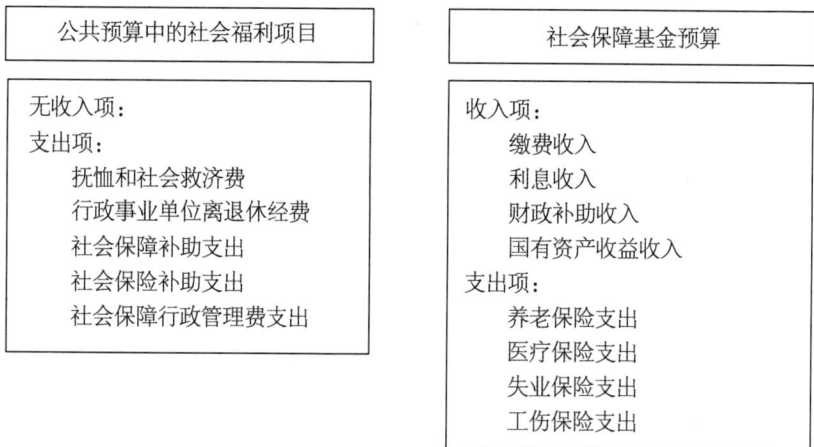

图 7-5　公共预算与社会保障预算的契合

资料来源：根据相关资料整理所得。

3）国有资本经营预算与社会保障预算的契合

对于社保预算而言，一般的国家都规定不列赤字，结余要用于投资，这是社保基金保值增值的要求，也是社保预算不同于其他预算的特殊之处。我国在整合政府预算之后，社会保证预算中的结余就可以列入国有资本经营预算的收入项，作为社保基金结余投资的一条途径。而国有资本经营预算在为公共预算服务的同时，还要强化其宏观调控衍生手段的职能，"考虑到社保基金的支出刚性，弥补社保基金缺口的资金来源必须具有稳定性和可预见性，在现有条件下，国有资本经营预算收入就应当成为其来源之一"（文宗瑜、刘微，2008）。可将部分的国有资产的收益，例如，国有股减持的收入纳入社会保障预算的管理，从而弥补社保基金的缺口。

7.5.2　我国地方财政民主制度的健全

地方政府财政权力主体地位的确立，使地方政府向当地居民提供令人满意的公共服务组合成为可能。但是，如果我国财政民主制度建设的进程，尤其是地方财政民主制度建设，落后于地方政府财政权力的完善程度，那么，这种地方财政权力的赋予可能会产生不合意的结果①。

1）健全地方财政民主制度的必要性

市场经济下的地方政府作为相对独立的一级财政权力主体，其必要条件首先是民选地方议会，地方任命主要官员（如表 7-2 所示）。"议会应当由地方选举产生，政治自治也许是分权系统中最为关键的因素"（Bahl，1992）。同时，地方要建立居民自由进入机制和退出机制，才真正符合西方市场经济下财政权力结构有效性理论的预期，即在完善的公共选择机制的基础上，根据当地居民的意愿提供一定规模和质量的公共产品。而且，地方财政权力的大小对社会福利水平的影响取决于地方政府对居民需要的响应程度（Seabright，1996）。如果在明确政府责任和制约官员腐败等方面存在制度缺失，或者地方精英的意志决定公共选择进而影响政府决策，或者由于地方政府专业水准和行政能力的缺乏等，财政分权产生的结果都会与期望相异。

表 7-2   财政分权体制的组成部分

必要条件	额外条件
民选地方议会	不受过度中央财政支出授权的制约
地方任命主要官员	上一级政府无条件拨款
地方政府在财政收入方面有较大的自主权	贷款权
地方政府在财政支出方面有较大的职权	
预算自治	
严格的预算限制	
透明度	

资料来源：Roy Bahl. 政府间财政关系比较研究 [M]. 北京：中国财政经济出版社，2004.

所以，市场经济下的财政权力结构，同时也意味着一种至关重要的政治制度。它的主要特点在于公开性、民主性和法治性，尤其对于拥有一定财政收支权力的地方政府而言，正如孟德斯鸠所指出的，"从事物的性质来说，要防止滥用权力，就必须以权力约束权力"。只有实现了民主财政，市场经济下的财政权力结构才能是有效率和有保障的。同

---

① 财政联邦制还不是一个成熟的研究领域，近期的研究实例强调了地方政府缺乏应负责任的重要性，参见 Wang（2002）和乔宝云等（2005）。

时，"民主制度建设与政府财政动员能力之间似乎存在某种良性互动的关系，决策过程民主化有利于加强政府的财政资源动员能力"（王绍光，1996）。目前，由于我国现行财政权力结构中权力的制约多来自上级政府，即地方政府所负责对象更多的是上级政府而不是地方居民，民主选举以及民主监督制度都不完善，而且对政府财政权力进行约束的预算模式也缺乏完整性和规范性，使得财政权力结构内的分权并未得到合意的效果，"甚至造成部分基本公共服务水平和质量的下降"（乔宝云，2005）。

2）我国地方财政民主制度的进一步健全

民主财政是民主政治在财政领域的扩展和延伸，是保障市场经济下财政权力结构有效性的基础和必要条件。民主财政即公共选择在财政领域中的运用，是围绕市场经济下的国家公共预算来组织的，民主财政的根本作用就是通过公共选择机制对存在差异性的社会成员的个体利益进行整合。所以，民主财政既是保证地方财政权力有效性的必要条件，同时又要通过各级政府预算的完整性和规范性得以实现。

我国现行的财政权力结构也阻碍了地方财政民主制度的进一步完善，具体表现在：（1）各级政府财政支出权力划分不清，造成了公共产品层次性和民主决策层次性的错位。相当一部分应在较大范围内（如在省级甚至全国）提供的公共产品，交由较低层级的政府提供，严重影响了财政支出的效率。例如，社会保障的地区化，人口流入地很容易通过地方的决策机制形成排斥，从而形成大量人口的无效率流动，造成居民进入、退出机制的失效。义务教育和公共卫生这种外溢性很强的公共产品也很难由当地的民主决策提出一个合理的供给量。（2）我国现行财政收支的决策机制是，地方政府的主要官员在既有的政治与人事体制下，既要对上级负责，也要对地方纳税人负责。地方公共产品的供给与需求之间缺乏有效的制度保证，致使公共预算规模在很大程度上不是由纳税人对公共产品的需求和偏好决定，而是主要由政治或行政因素决定的。（3）财政民主制度建设中法制不健全，对各级政府的财政收支权力尚未有一个明确的法律规范，且"财政行政立法权过大，国家立法权过小"（张德勇，2007），部门多以行政立法形式对财政职能进行肢解，致使地方财政民主制度很难发挥应有的作用。（4）政府预算的不完整、不规范使得民主监督机制无法有效发挥作用。

地方财政民主制度，体现的是特定地区居民在地方性公共产品的提供量及规模上的决定权力，其基本财政制度的依据就是中央和地方之间的财政权力的划分。因此，健全地方财政民主制度的首要依据就是中央和地方各级政府之间财政权力的有效配置。在此基础上，进一步完善地方财政民主制度还需要改革现行的政治制度和人事体制，切实建立起地方官员对该地区居民负责的机制；继续加强我国基层民主建设，并以此为契机，完善社会成员对公共产品偏好的表露机制，将中央政府下放地方的财政权力真正交予地方社会成员；在整合政府预算的同时，健全预算监督机制，延长预算的编制和审批时间，提高预算编制的科学性和规范性，并进行精细化操作，提高预算编制的透明度，自觉接受社会成员对政府财政权力行使的监督。

参考文献

[1]　安体富. 中国转移支付制度：现状·问题·改革建议 [J]. 财政研究，2007 (1)：2.

[2]　曹荣湘. 蒂布特模型 [C]. 北京：社会科学文献出版社，2004：3-16.

[3]　崔文苑. 楼继伟详解财税体制改革思路——发挥财政在国家治理中的重要作用 [N]. 经济日报，2013-11-21 (6).

[4]　陈抗，Arye L. Hillman，顾清扬. 财政集权与地方政府行为变化 [J]. 经济学，2002 (10)：113.

[5]　迟福林. 公共视角下的央地关系 [J]. 经济观察报，2006 (11)：41.

[6]　邓子基. 财政学原理 [M]. 北京：经济科学出版社，1989：21-54.

[7]　邓子基. 国家财政理论思考 [M]. 北京：中国财政经济出版社，2000：205.

[8]　邓子基. 对"国家分配论"应持发展观 [J]. 东南学术，1999 (1)：17.

[9]　邓子基，陈少晖. 国有资本财政研究 [M]. 北京：中国财政经济出版社，2006：181.

[10]　风笑天. 社会学研究方法 [M]. 北京：中国人民大学出版社，2008：34-35.

[11]　冯兴元，李晓佳. 政府公共服务事权划分混乱的成因与对策. 国家行政学院学报，2005 (3)：72.

[12]　高培勇. 财政体制改革攻坚 [M]. 北京：中国水利水电出版社，2005：3.

[13]　葛乃旭. 重建我国转移支付制度的构想 [J]. 财贸经济，2005 (1)：64.

[14] 郭艳茹. 社会权力结构调整与中国经济转轨的路径选择 [J]. 经济社会体制比较, 2007 (3): 41-42.

[15] 胡鞍钢. 中国2020: 全面小康与社会主义和谐社会的目标 [M]. 北京: 清华大学出版社, 2007: 99.

[16] 胡家勇. "市场经济中的政府职能" 研讨会综述 [J]. 经济研究, 2005 (8): 22.

[17] 胡家勇. 一只灵巧的手: 论政府转型 [M]. 北京: 社会科学文献出版社, 2007: 68-69, 76.

[18] 黄佩华, 迪帕克. 中国: 国家发展与地方财政 [M]. 北京: 中信出版社, 2003: 1, 2, 137.

[19] 贾康. 中国财政改革: 政府层级、事权、支出与税收安排的思路 [C]. 财政联邦制与财政管理. 北京: 中信出版社, 2005: 41.

[20] 贾康. 中国财政体制改革之后的分权问题 [J]. 改革, 2013 (2): 5.

[21] 贾康, 等. 中国财税体制改革的战略取向: 2010—2020 [J]. 改革, 2011 (1): 6.

[22] 贾康, 赵全厚. 中国财税体制改革30年回顾与展望 [M]. 北京: 人民出版社, 2008: 12, 27, 33, 36-37, 64-65.

[23] 贾晓俊, 岳希明. 我国不同形式转移支付财力均等化效应研究 [J]. 经济理论与经济管理, 2015 (1): 47-48.

[24] 姜维壮. 当代财政学若干论点比较研究 [M]. 北京: 中国财政经济出版社, 1987: 234.

[25] 江孝感, 魏峰, 蒋尚华. 我国财政转移支付的适度规模控制 [J]. 管理世界, 1999 (3): 55.

[26] 寇铁军. 完善我国政府间转移支付制度的若干思考 [J]. 财贸经济, 2004 (5): 83-85.

[27] 寇铁军. 集权与分权的财政思考 [J]. 财经问题研究, 1994 (12): 11.

[28] 寇铁军. 中央与地方财政关系研究 [M]. 大连: 东北财经大学出版社, 1996. 84, 103-104.

[29] 寇铁军. 我国财政体制改革的目标模式 [J]. 财经问题研究, 1995 (12): 21-22.

[30] 赖勤学. 转型与立宪: 公共财政与宪政转轨 [M]. 北京: 知识产权出版社, 2007.

[31] 李金珊, 侯方玉. 转移支付以公共服务均等化为主要目标的相关分析 [J]. 财政研究, 2008 (2): 50-51.

[32] 李龙. 财政立宪主义论纲 [J]. 法学家, 2003 (6): 97-98.

[33] 李龙，周叶中. 宪法学基本范畴简论 [J]. 中国法学，1996（6）：64.

[34] 李萍. 中国政府间财政关系图解 [M]. 北京：中国财政经济出版社，2006：3，3-13.

[35] 李齐云. 西方财政分权理论及启示 [J]. 山东科技大学学报：社会科学版，2003（9）：74.

[36] 李齐云. 完善我国财政转移支付制度的思考 [J]. 财贸经济，2001（3）：44.

[37] 李淑霞. 财政分权理论的研究主题与方法 [J]. 社会科学，2007（6）：37-38.

[38] 梁漱溟. 中国文化要义 [M]. 上海：上海世纪出版社，2007：13.

[39] 林尚立. 国内政府间关系 [M]. 杭州：浙江人民出版社，1998：19.

[40] 林尚立. 权力与体制：中国政治发展的现实逻辑 [J]. 学术月刊，2001（5）：91.

[41] 林毅夫，刘志强. 中国的财政分权与经济增长 [J]. 北京大学学报：哲学社会科学版，2000（4）：5-17.

[42] 林治芬，高文敏. 社会保障预算管理 [M]. 北京：中国财政经济出版社，2006：131.

[43] 吕炜，陈海宇. 中国新一轮财税体制改革研究 [J]. 财经问题研究，2014（1）：7.

[44] 吕炜. 中国新一轮财税体制改革 [M]. 大连：东北财经大学出版社，2013.

[45] 吕炜. 中国预算改革论纲 [J]. 财经问题研究，2013（8）：7.

[46] 刘宇飞. 当代西方财政学 [M]. 2版.北京：北京大学出版社，2005：13，22，24，81，85-87.

[47] 刘志广. 中央集权型财政体制与我国古代社会发展的停滞 [J]. 上海行政学院学报，2002（2）：41-42.

[48] 楼继伟. 中国政府间财政关系再思考 [M]. 北京：中国财政经济出版社，2013.

[49] 卢洪友. 论财政分权与分级财政制度 [J]. 山东财政学院学报，2001（3）：25.

[50] 鲁昕. 准预算管理理论 [M]. 北京：中国财政经济出版社，1996：33.

[51] 鲁昕. 社会主义市场经济条件下财政理论与实践问题研究 [C]. 北京：经济科学出版社，2001：50.

[52] 鲁昕. 预算外资金的历史沿革及加强管理的必要性 [C]. 北京：经济科学出版社，2001：7.

[53] 鲁昕. 新时期地方财政理财规律探讨 [C]. 北京：经济科学出版社，2001：200-201.

[54] 鲁昕. 关于财政体制改革的回顾与建议 [C]. 沈阳：辽宁人民出版社，1993：244.

[55] 鲁昕. 国家与国有企业分配论 [C]. 沈阳：辽宁人民出版社，1993.470-471.

[56] 马国强. 税收学原理 [M]. 北京：中国财政经济出版社，1991：272.

[57] 马蔡琛，李思沛. "营改增"背景下的分税制财政体制变革 [J]. 税务研究，2013（7）：17.

[58] 马骏. 论转移支付 [M]. 北京：中国财政经济出版社，1998：92，138-139.

[59] 马骏. 重构中国公共预算体制：权力与关系 [J]. 中国发展观察，2007（2）：15.

[60] 毛连程. 中高级公共经济学 [M]. 上海：复旦大学出版社，2006：107-109.

[61] 平新乔. 财政原理与比较财政制度 [M]. 上海：上海人民出版社，1995：45，47-50，348-351.

[62] 齐志宏. 西方发达国家多级政府间税收权限与税收范围划分的比较分析 [J]. 税务研究，2002（1）：21.

[63] 齐志宏. 多级政府间事权划分与财政支出职能结构的国际比较分析 [J]. 中央财经大学学报，2001（11）：9.

[64] 钱颖一. 理解现代经济学 [J]. 经济社会体制比较，2002（2）：9.

[65] 上海财经大学公共政策研究中心. 2007中国财政发展报告 [M]. 上海：上海财经大学出版社，2007：269.

[66] 苏明. 三十年来我国财政体制改革的主要成效与未来走向 [J]. 经济社会体制比较，2008（4）：21.

[67] 孙开. 省以下财政体制改革的深化与政策着力点 [J]. 财贸经济，2011（9）：6.

[68] 孙开. 公共经济学 [M]. 武汉：武汉大学出版社，2007：58-59.

[69] 宋德安. 契约性、公共性与公共财政 [J]. 财政研究，2003（1）：18.

[70] 万广华. 经济发展与收入不均等：方法和证据 [M]. 上海：上海人民出版社，2006：152.

[71] 王光宇. 关于我国发行地方公债问题的探讨 [J]. 财经问题研究，2003（5）：52.

[72] 王国清. 两种属性分配关系与国家分配论 [J]. 经济学家，2008（1）：87.

[73] 王国清. 马克思主义两种权力学说与财政分配 [J]. 经济学家，1998（4）：77.

[74] 王惠平. 关于深化农村税费改革试点工作的思考 [J]. 经济社会体制比较，2005（1）：111.

[75] 王绍飞. 明确财政体制改革的总体目标加快和深化财政体制改革 [J]. 中国财政，1988（2）.

[76] 王绍光. 分权的底线 [M]. 北京：中国计划出版社，1997：5.

[77] 王绍光. 公共财政与民主政治 [J]. 战略与管理，1996（4）：34.

[78] 王世杰，钱端升. 比较宪法 [M]. 北京：中国政法大学出版社，1997：316.

[79] 王铁军. 中国地方政府融资22种模式 [M]. 北京：中国金融出版社，2006：47-50.

[80] 王雍君. 税制优化原理 [M]. 北京：中国财政经济出版社，1995：143.

[81] 王雍君. 中国的财政均等化与转移支付体制改革 [J]. 中央财经大学学报，2006（9）：2.

[82] 王朝才. 规范基础上的相对稳定是完善分税制的关键 [J]. 经济研究参考，2003（71）.

[83] 王振宇. 分税制财政体制"缺陷性"研究 [J]. 财政研究，2006（8）：6.

[84] 吴存荣. 基础设施建设与政府投融资 [J]. 财政研究，2007（12）：23.

[85] 伍装. 转型经济学 [J]. 上海：上海财经大学出版社，2007：81-82.

[86] 项怀诚. 中国财政体制改革 [M]. 北京：中国财政经济出版社，1994：21.

[87] 项怀诚. "分税制"改革的回顾与展望 [J]. 武汉大学学报，2004（1）：8.

[88] 肖勇. 论"有限政府" [J]. 社会科学研究，2003（2）：23.

[89] 谢旭人. 我国财政职能的转换及财税体制改革 [J]. 财政研究，1994，（1）：7.

[90] 辛波. 政府间财政能力配置问题研究 [M]. 北京：中国经济出版社，2005：134.

[91] 许善达. 中国税权研究 [M]. 北京：中国税务出版社，2003：20.

[92] 许毅. 重新认识社会主义国家职能和财政职能发展完善"国家分配论" [J]. 财政研究，1998（1）：6.

[93] 许正中、苑广睿. 财政分权：理论基础与实践 [M]. 北京：社会科学文献出版社，2002：4-5.

[94] 阎坤. 转移支付制度与县乡财政体制 [J]. 财贸经济，2004（8）：21.

[95] 阎坤，陈昌盛. 中国财政分权的实践与评析 [J]. 广东社会科学，2003（5）：41.

[96] 阎坤. 税权、税收收入在各级政府间的划分研究 [J]. 上海财税，2000（2）：13.

[97] 杨之刚. 公共财政学：理论与实践 [M]. 上海：上海人民出版社，1999：170.

[98] 杨之刚，马栓友. 政府间财政转移支付的国际比较 [J]. 中南财经大学学报，1996（1）：15.

[99] 杨志勇. 中国财政体制改革理论的回顾与展望 [J]. 财经问题研究，2006（6）：13-16.

[100] 叶振鹏. 中国财政改革：难点与热点 [M]. 北京：中国财政经济出版社，1998：2，31.

[101] 于国安. 非税收入管理探索与实践 [M]. 北京：经济科学出版社，2005：89-91.

[102] 张复英. 税收辞海 [M]. 沈阳：辽宁人民出版社，1993：32.

[103] 张军. 1994年的分税制 [N]. 经济观察报，2008-03-10 (4).

[104] 张馨. 论中西方财政体制基本理论之差异 [J]. 财政研究，1993 (4)：63-64.

[105] 张馨. 比较财政学教程 [M]. 北京：中国人民大学出版社，1997：418-445.

[106] 张馨. "国家分配论"应如何发展？[J]. 东南学术，1999 (1)：24.

[107] 张馨，杨志勇. 当代财政与财政学主流 [M]. 大连：东北财经大学出版社，2000：290-315.

[108] 郑春荣. 中国公共部门财力研究 [M]. 上海：复旦大学出版社，2003：55-57.

[109] 中国改革发展研究院. 政府转型与社会再分配 [M]. 北京：中国经济出版社，2006：104-105.

[110] 中国税务学会税权划分问题课题组. 关于税权划分问题的研究 [J]. 税务研究，2001 (3)：5-6.

[111] 钟晓敏. 政府间财政转移支付论 [M]. 上海：立信会计出版社，1998：12-14.

[112] 周长城. 现代经济社会学 [M]. 武汉：武汉大学出版社，2003：3-4，231-232.

[113] 周飞舟. 分税制十年：制度及其影响 [J]. 中国社会科学，2006 (6)：112.

[114] 周克清，张晓霞. 析国家分配论与公共财政论间的财政本质之争 [J]. 财经科学，2001 (4)：111.

[115] 周志刚. 论公共财政与宪政国家——作为财政宪法学的一种理论前沿 [M]. 北京：北京大学出版社，2005：44-48.

[116] 森. 以自由看待发展 [M]. 任赜，于真，译. 北京：中国人民大学出版社，2002：13，15.

[117] 奥肯. 平等与效率重大的抉择 [M]. 陈涛，译. 北京：经济科学出版社，1999：1-2.

[118] 吉登斯. 社会的构成 [M]. 李康，李猛，译. 北京：三联书店，1998：521.

[119] 达尔比. 财政联邦制与财政管理——中外专家论政府间财政体制 [M]. 沙安文，沈春丽，张晓晶，等，译. 北京：中信出版社，2005：33-34.

[120] 丹尼斯 C，缪勒. 公共选择理论 II [M]. 韩旭，等，译. 北京：中国社会科学出版社，1999：57-61，66.

[121] 哈耶克. 导论·法律、立法与自由（第一卷）[M]. 邓正来，等，译. 北京：中国大百科全书出版社，2000：2.

[122] 范里安. 微观经济学：现代观点 [M]. 费方域，李双金，译. 6版. 上海：

上海人民出版社，2007：456-459.

[123] 哈耶克. 哈耶克论文集［M］. 邓正来，等，译. 北京：首都经济贸易大学出版社，2001：110.

[124] 哈耶克. 法律、立法与自由［M］. 邓正来，等，译. 北京：中国大百科全书出版社，2000：129.

[125] 坎南. 亚当·斯密关于法律、警察、岁入及军备的演讲［M］. 陈福生，陈振骅，译. 上海：商务印书馆，1982：31-37.

[126] 伯德. 社会主义国家的分权化［G］. 中国财税进一步改革课题组成员，译. 北京：中央编译出版社，2001：3.

[127] 斯威德伯格. 经济社会学原理［M］. 周长城，等，译. 北京：中国人民大学出版社，2005：128-132.

[128] 鲍尔. 中国的财政政策—税制与中央及地方的财政关系［M］. 许善达，王裕康，等，译. 北京：中国税务出版，2000：81，154.

[129] 韦伯. 经济与社会［M］. 阎克文，译. 上海：商务印书馆，2006：263-270.

[130] 奥尔森. 权力与繁荣［M］. 苏长和，译. 上海：上海世纪出版集团，2005.

[131] 罗斯巴德. 权力与市场［M］. 刘云鹏，戴忠玉，李卫公，译. 北京：新星出版社，2007：189.

[132] 特纳. 社会学理论的结构［M］. 邱泽奇，张茂元，译. 北京：华夏出版社，2006：36-39，450-454.

[133] 罗兰. 转型与经济学［M］. 张帆，等，译. 北京：北京大学出版社，2002：69.

[134] 帕森斯. 现代社会的结构与过程［M］. 梁向阳，译. 北京：光明日报出版社，1998：34.

[135] 杰克逊. 公共部门经济学前沿问题［G］. 郭庆旺，等，译. 北京：中国税务出版社，2000：106.

[136] 李普塞特. 政治人：政治的社会基础［M］. 张绍宗，译. 上海：上海人民出版社，1997：55.

[137] 熊彼特. 资本主义、社会主义与民主［M］. 吴健良，译. 北京：商务印书馆，1999：515.

[138] 哈贝马斯. 合法化危机［M］. 刘北威，曹卫东，译. 上海：上海人民出版社，2000：4-5.

[139] 希克斯. 经济史理论［M］. 厉以平，译. 上海：商务印书馆，2007：12，24.

[140] 伊特韦尔，米尔盖特，纽曼. 新帕尔格雷夫经济学大词典［M］. 许明月，等，译. 北京：经济科学出版社，1996：391.

[141] 斯蒂格利茨. 公共部门经济学［M］. 郭庆望，译. 北京：中国人民大学出

版社，2005：109-112.

[142] 熊彼特. 资本主义、社会主义与民主 [M]. 吴健良，译.北京：商务印书馆，1999：89.

[143] 布坎南. 民主政治论、财政制度和个人选择 [M]. 穆怀朋，译. 北京：商务印书馆，1993：180-181.

[144] 布坎南. 公共财政与公共选择 [M]. 类承曜，译. 北京：中国财政经济出版社，1991：16-25，437-443.

[145] Buchanan J M，Federalism and fiscal equity [J]. American Economic Review，1950，Vol.4，PP40.

[146] Chen-yuan Tung，2003，China's Fiscal Predicament [J]. American Asian Review; Vol. 21（1），Spring，PP25.

[147] De Mello，Luiz R，Fiscal Decentralization and Intergovernmental Fiscal Relations: A Cross-Country Analysis [J]. World Development，Vol. 28（2），PP365.

后记

　　本著作是在本人博士论文的基础上更新整理形成的。财政体制问题或者政府间财政关系问题一直是我国财政理论界及实践过程中面临的大问题，十年前如此，十年后的今天亦如此。十年前，在导师鲁昕女士的悉心指导下，本人从财政社会学的视角，完成了对我国财政体制问题的初步梳理和研究，大胆提出了一些改革和完善的设想，部分政策建议在中国之后的财政体制改革中得到了一定的印证。十年后，再看财政体制，仍然有很多有待解决的难题。

　　本著作得以出版，首先要感谢我的母校——我继续并且一直要工作下去的地方——东北财经大学，要感谢东北财经大学财税学院的领导和同事，在此书出版过程中给予的大力支持和协助。同时，要感谢东北财经大学出版社的田世忠社长、李彬主任和刘佳编辑的辛勤工作。

　　由于本人水平有限，书中难免会用疏漏及不当之处，望读者朋友批评指正。再一次感谢所有的人，谢谢大家的支持和帮助。

丁兆君
2017 年 9 月于大连